AF294941

Mit der Bibel rechnen

95 Rechenaufgaben im Reformationsjahr 2017

von Ewald Bamberger

Bibliografische Information der Deutschen Nationalbibliothek:

Die Deutsche Nationalbibliothek verzeichnet diese Publikation

in der Deutschen Nationalbibliografie; detaillierte bibliografische

Daten sind im Internet über http://dnb.dnb.de abrufbar.

Herstellung und Verlag:

BoD – Books on Demand, Norderstedt

ISBN: 978-3744840507

Inhaltsverzeichnis

Aufgabe 1

Martin Luther ist im November 1483 in Eisleben geboren. Er starb im Februar 1546, wiederum in Eisleben. Eisleben ist eine Stadt im Nordosten Deutschlands, im Bundesland Sachsen-Anhalt gelegen. Wie alt (Jahre) ist Martin Luther geworden?

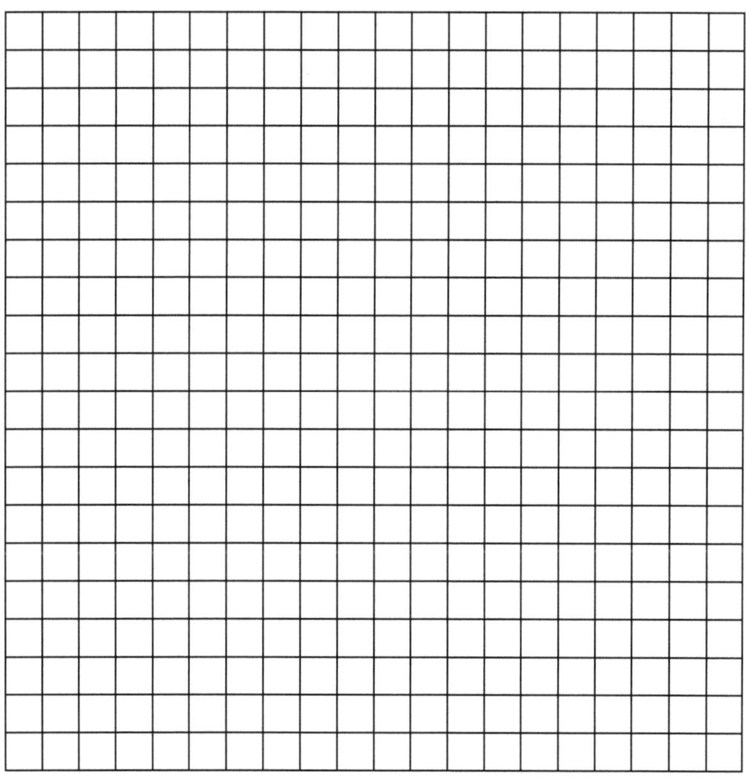

Aufgabe 2

Die Lutherstadt Eisleben hat heute eine Fläche von etwa 144 Quadratkilometern. Pro Quadratkilometer leben durchschnittlich rund 170 Menschen. Berechne, wie viele Menschen demnach heute ungefähr in Eisleben leben!

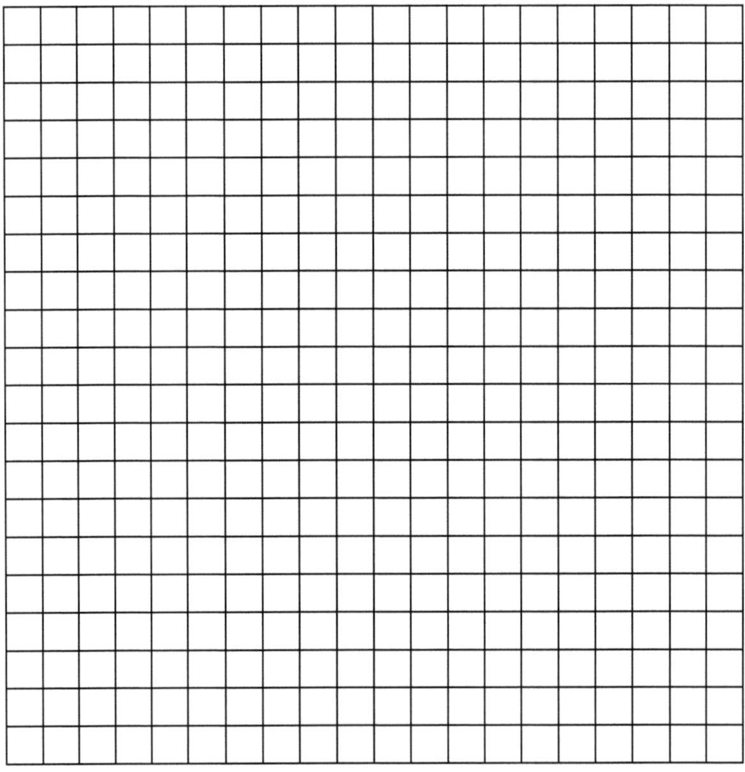

Aufgabe 3

Im Jahr 1517 soll Martin Luther seine 95 Thesen an die Tür der Schlosskirche in Wittenberg genagelt haben. Dieses Ereignis wird heute als Beginn der damaligen Reformation der Kirche gesehen. Handelt es sich bei der Zahl 1517 um eine Primzahl?

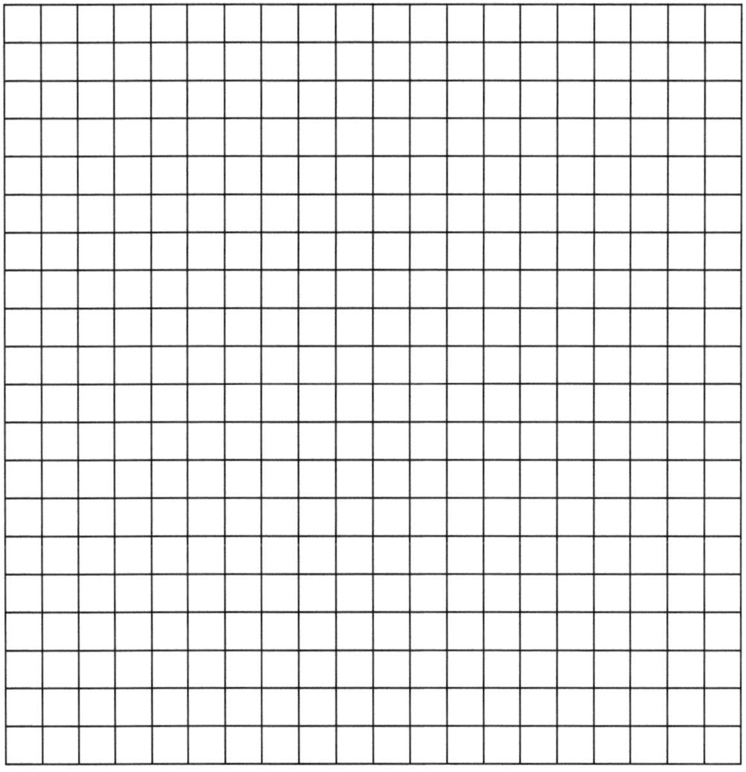

Aufgabe 4

479 Jahre nach dem Thesenanschlag wurde der Schlosskirche in Wittenberg von der UNESCO, der Organisation der Vereinten Nationen für Erziehung, Wissenschaft und Kultur, der Titel *Weltkulturerbe* verliehen. In welchem Jahr geschah dies?

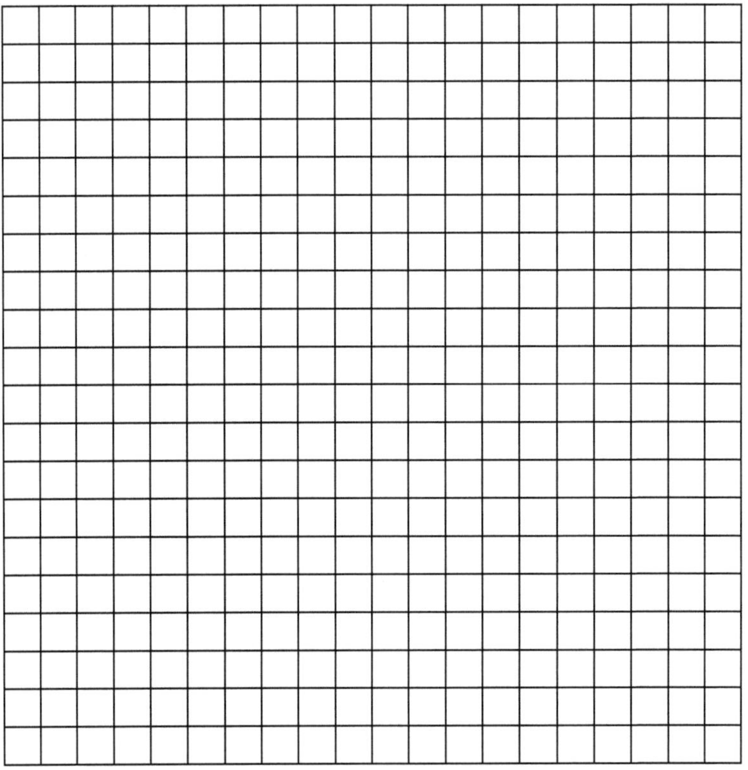

Aufgabe 5

Luther lehrte in These 1, das ganze Leben der Christen solle eine Buße sein. Er bezog sich auf einen Vers im Evangelium nach Matthäus, einem Buch des Neuen Testaments. Du erhältst die Anzahl der Bücher des Neuen Testaments, indem du $3^3 = 3 \cdot 3 \cdot 3$ berechnest.

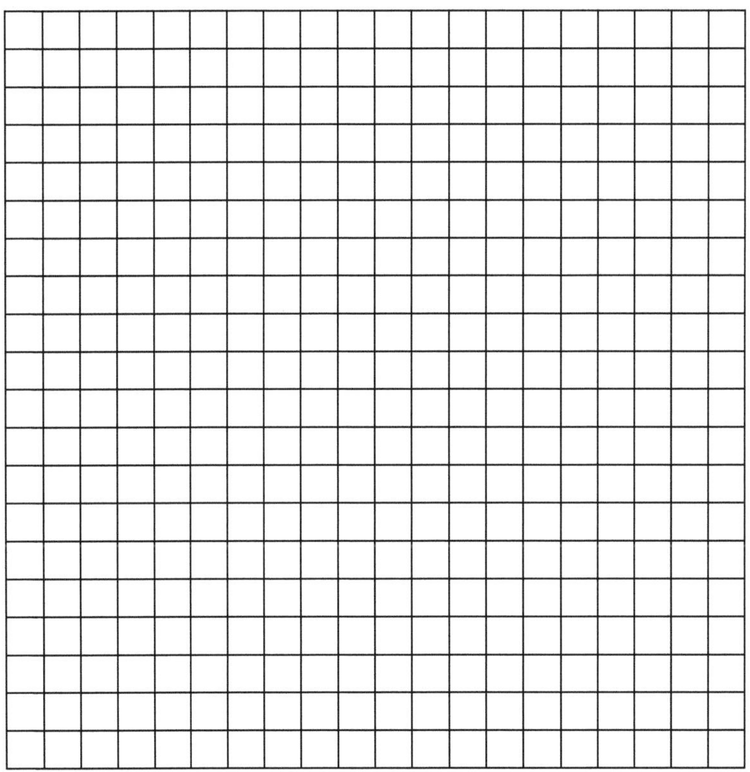

Aufgabe 6

Die *Lutherbibel* enthält im Alten Testament mehr Bücher als im Neuen Testament. Du erhältst die Anzahl der Bücher des Alten Testaments, indem du die Anzahl der Bücher des Neuen Testaments durch 9 dividierst und das Ergebnis dann mit 13 multiplizierst.

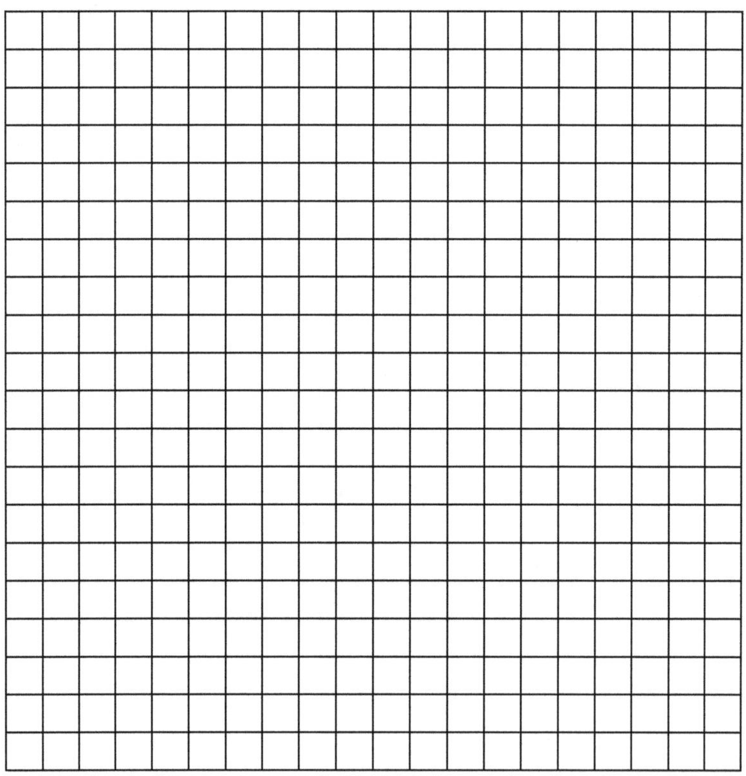

In der Erzählung vom guten Hirten, der das verirrte Schaf suchte und fand, sagte Jesus, dass die Engel im Himmel sich freuen über einen Menschen, der Buße tut. Wie viele Schafe sucht und findet der gute Hirte, wenn sich 5 Prozent von 240 Schafen verirren?

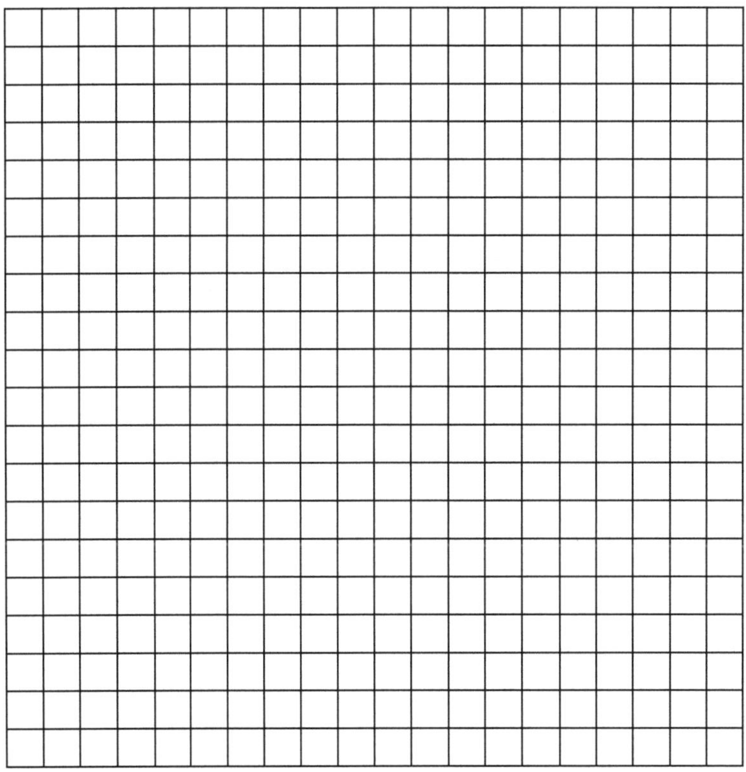

Aufgabe 8

Im Jahr 1530 verfasste Philipp Melanchthon die *Confessio Augustana*. Mit diesem Bekenntnis erklärten die evangelischen Christen ihren Glauben und ihre Lehre. Berechne den Wert des Terms 560 : (32 – 12) und du erhältst die Anzahl der Artikel dieser Schrift.

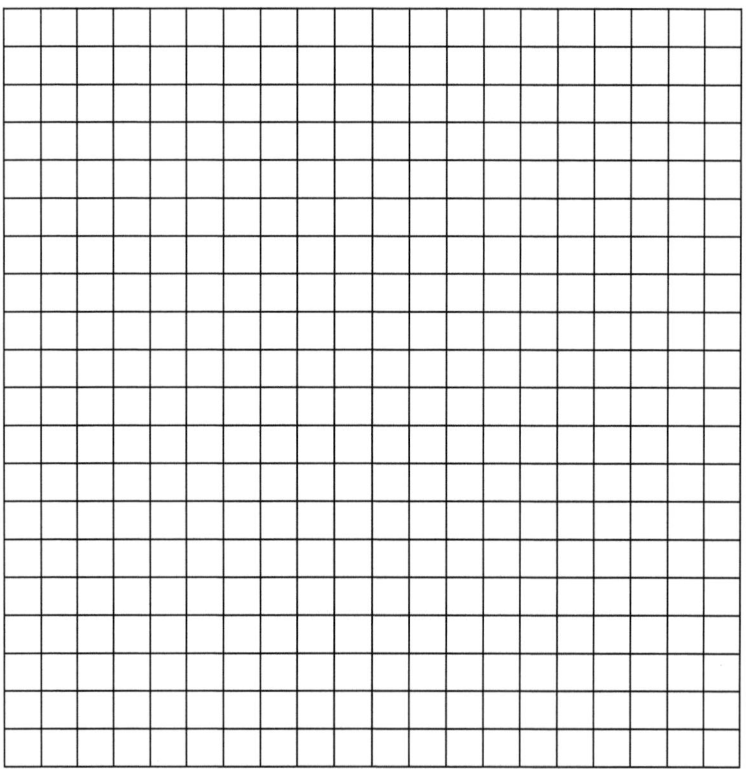

In der Bibel gibt es einen Psalm, der von dem guten Hirten Israels erzählt, dem Gott Abrahams, Isaaks und Jakobs. Es ist der Psalm 23. Mit der Berechnung des Terms 488 – 214 – 124 kannst du die Gesamtzahl der Psalmen im Buch der Psalmen ermitteln.

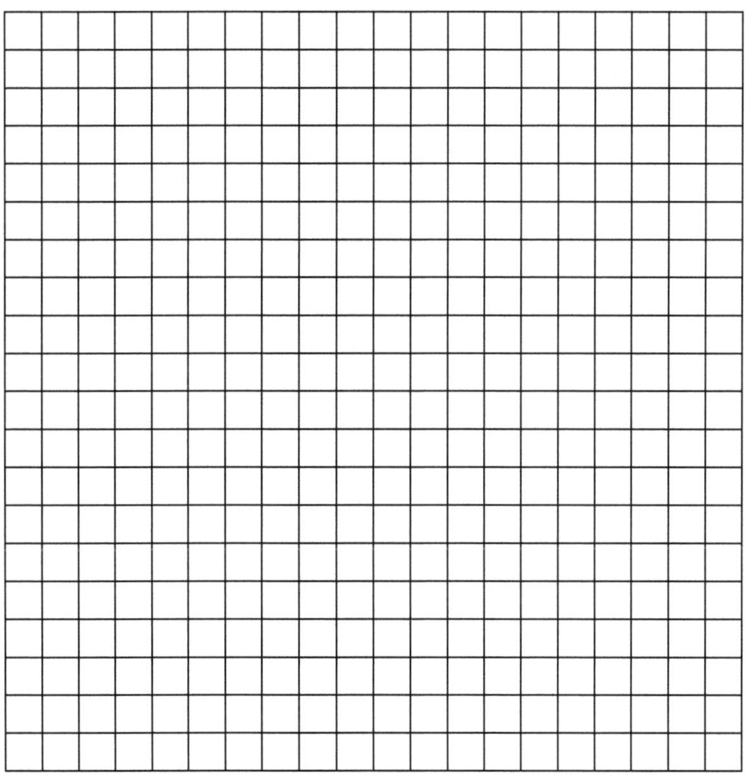

Aufgabe 10

Der längste Psalm der Bibel, der Psalm 119, besingt das Lob der Gebote Gottes. Dieses Loblied besteht aus 22 Strophen zu je 8 Versen. Luther betete diesen Psalm, bevor er die biblischen Bücher in die deutsche Sprache übersetzte. Kannst du die Zahl der Verse errechnen?

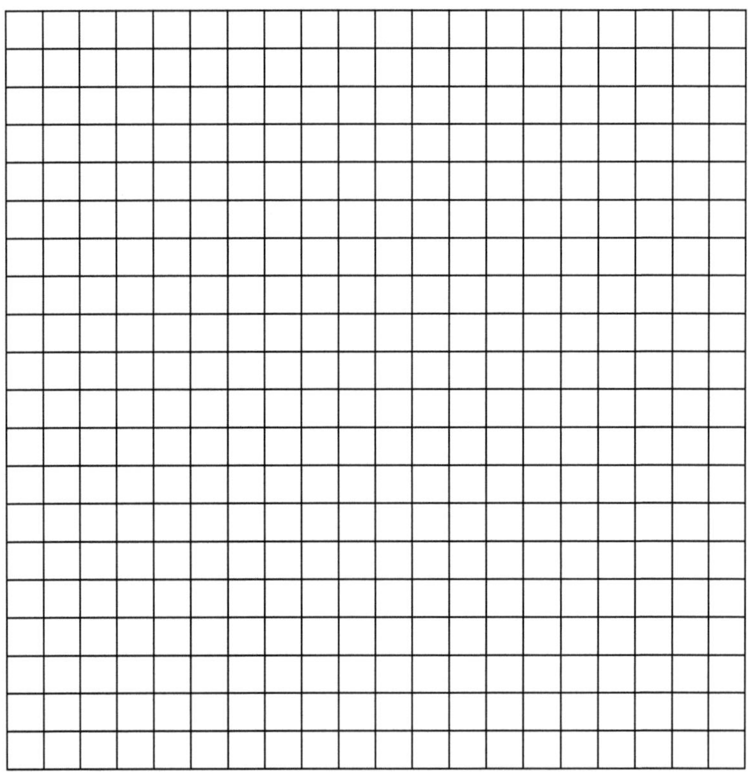

Aufgabe 11

Der gute Hirte sorgt für seine Schafe. Einmal hat Jesus 5000 Männern Brot gegeben, obwohl nur 5 Brote vorhanden waren. Nachdem sie gegessen hatten, waren 12 Körbe voll Brocken Brot übrig. Wie viele Brocken waren übrig, wenn jeder Korb 25 Brocken enthielt?

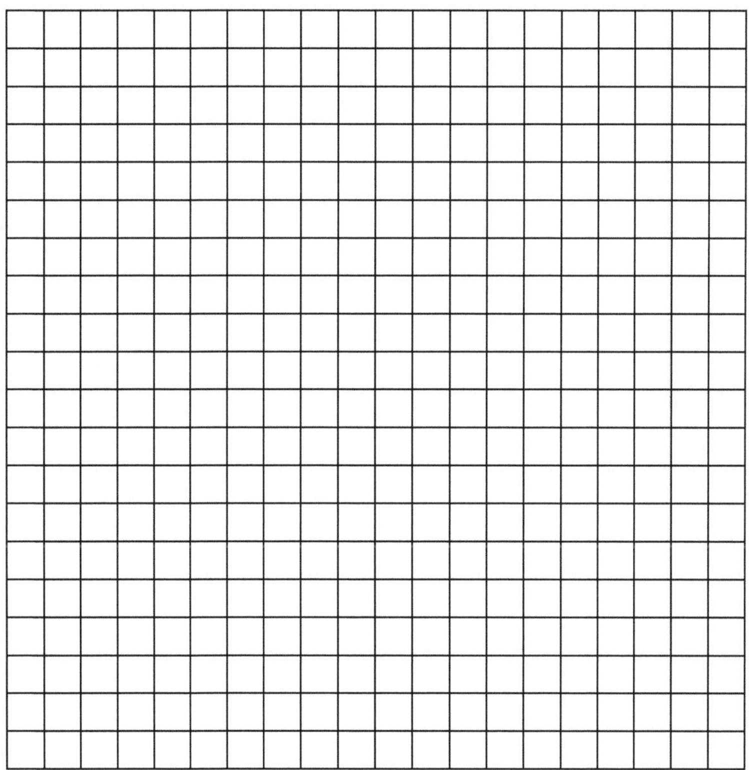

Aufgabe 12

Im Alten Testament gab es einen König mit Namen Asa. Er fürchtete Gott und handelte nach seinem Gebot. Seine Streitmacht bildeten 300000 Krieger aus dem Stamm Juda und 280000 Krieger aus dem Stamm Benjamin. Wie viele Krieger waren es insgesamt?

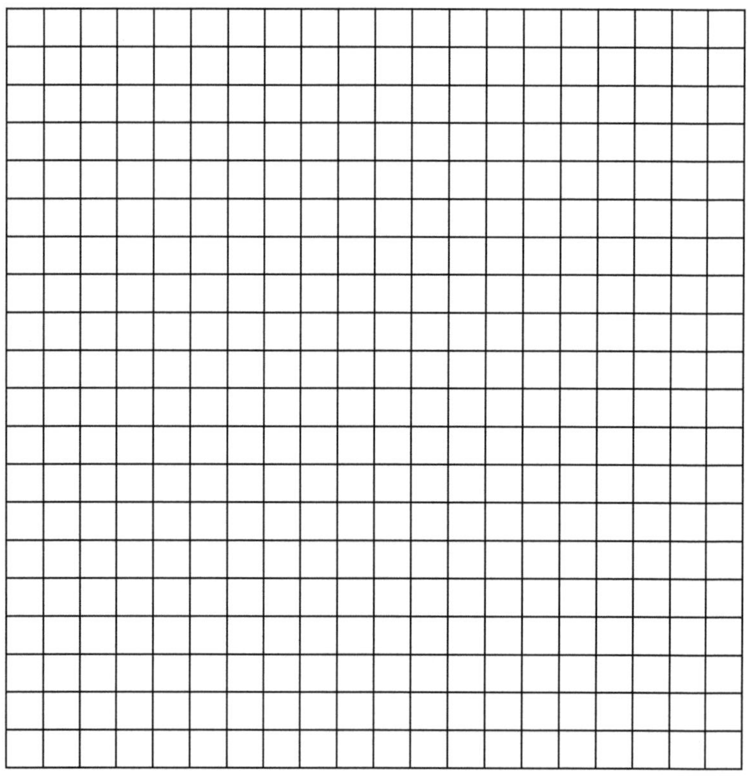

Aufgabe 13

Der Schweizer Reformator Ulrich Zwingli erhielt seine Ausbildung in den Städten Basel, Bern und Wien. Die Strecke von Basel über Bern nach Wien beträgt ungefähr 950 km. Wie viele Tage benötigte Zwingli für diese Strecke, wenn er täglich 25 km zurücklegte?

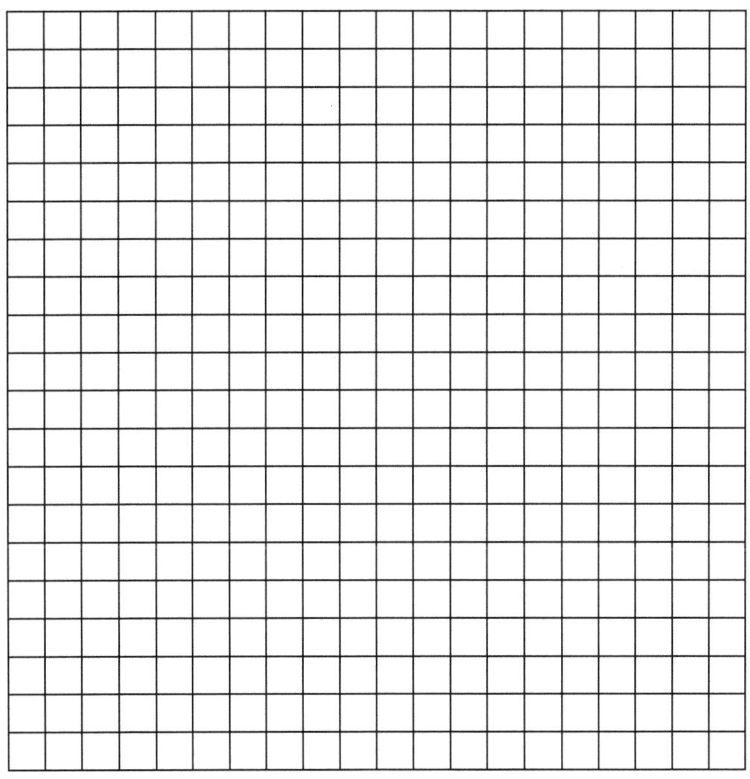

Aufgabe 14

König Asa hatte fremde Altäre beseitigen lassen. Das gefiel Gott gut. Gott gab Asa und seinem Volk Frieden. Asa ließ in Juda Städte bauen und Mauern ringsumher. Wie viele Steinblöcke (25 cm Länge) benötigte er für eine 700 m lange Mauer (Steinblöcke in 50 Schichten)?

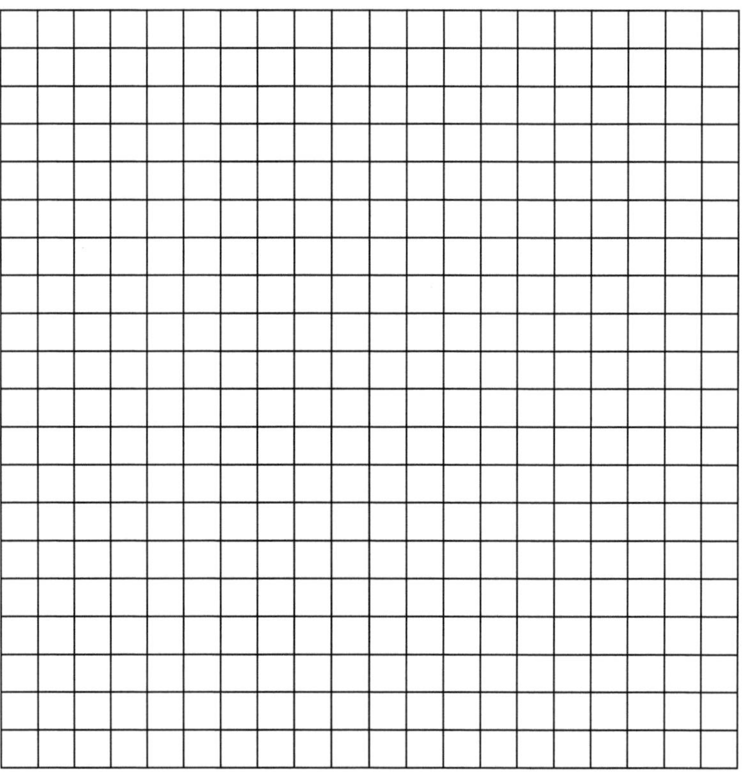

Vielleicht kann man sagen, auch Luther beseitigte fremde Altäre. Denn die Kirche verdiente viel Geld durch Ablassbriefe. Das gefiel Luther nicht gut. Wie viele Briefe musste man kaufen, um 42 Sündenstrafen zu tilgen, wenn 1 Brief 3 Sündenstrafen tilgte?

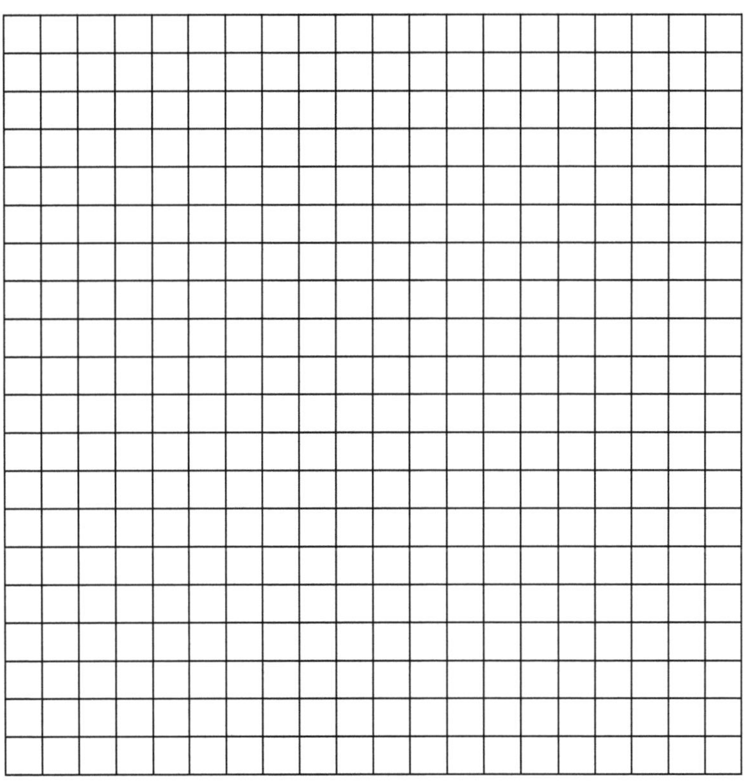

Aufgabe 16

Auch Zwingli setzte sich für die Reformation der Kirche ein. Er war maßgeblich an der Übersetzung der Zürcher Bibel beteiligt. 1529 zog er nach Marburg, um mit Luther zu sprechen. Prüfe nach, ob 1529 eine Primzahl ist!

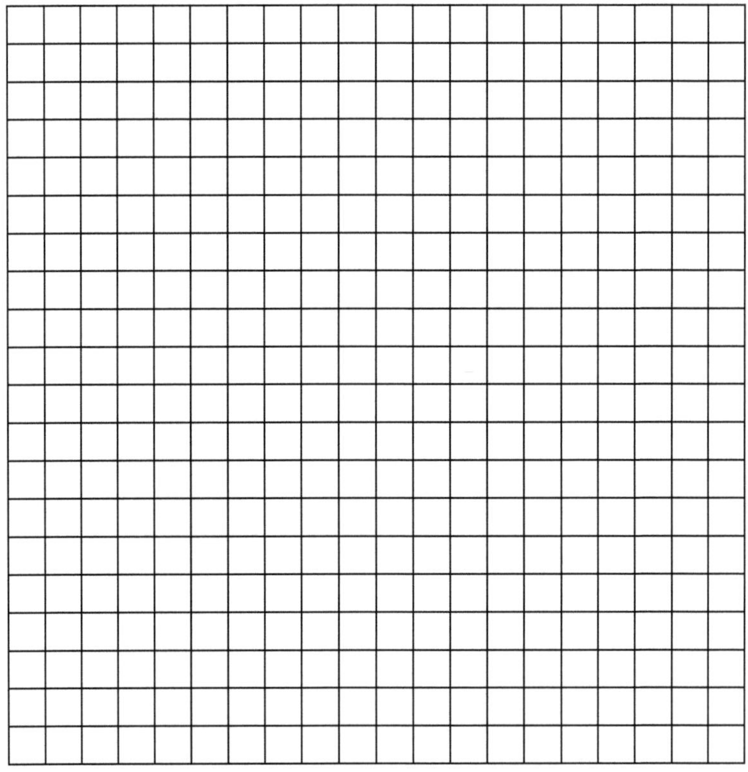

Aufgabe 17

Jesus sagte, man kann nicht Gott dienen und zugleich dem Mammon. Daher sollen Jesu Jünger Schätze sammeln im Himmel und nicht auf Erden. Wie viele Schätze sammelt ein Jünger pro Jahr, wenn er täglich 22 Schätze sammelt?

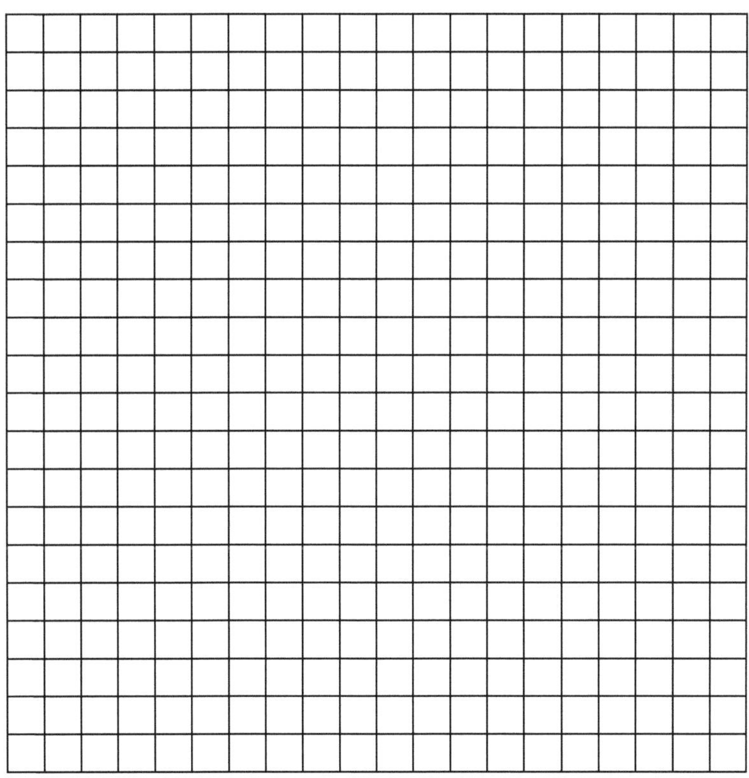

Als Jesus von Petrus gefragt wurde, wie oft er seinem Bruder vergeben müsse, antwortete Jesus mit einer kleinen Rechenaufgabe, nämlich *nicht siebenmal, sondern siebzigmal siebenmal.* Kannst du dem Petrus helfen? Berechne also den Term 70·7.

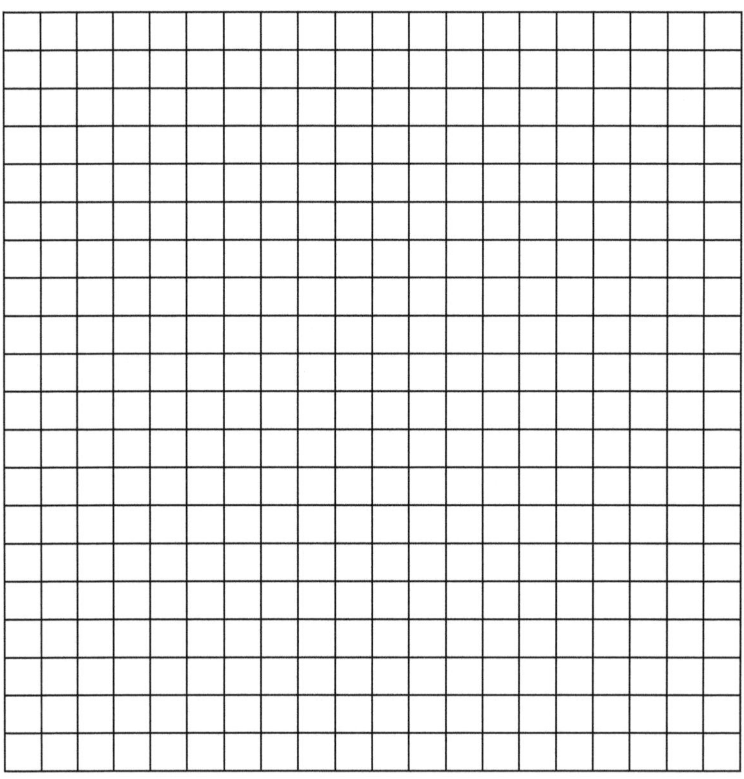

Luther übersetzte das Alte Testament und das Neue Testament in die deutsche Sprache. Das war viel Arbeit. Die einzelnen biblischen Bücher sind in Kapitel eingeteilt. Die Gesamtzahl der Kapitel kannst du errechnen, indem du 29 mit 41 multiplizierst.

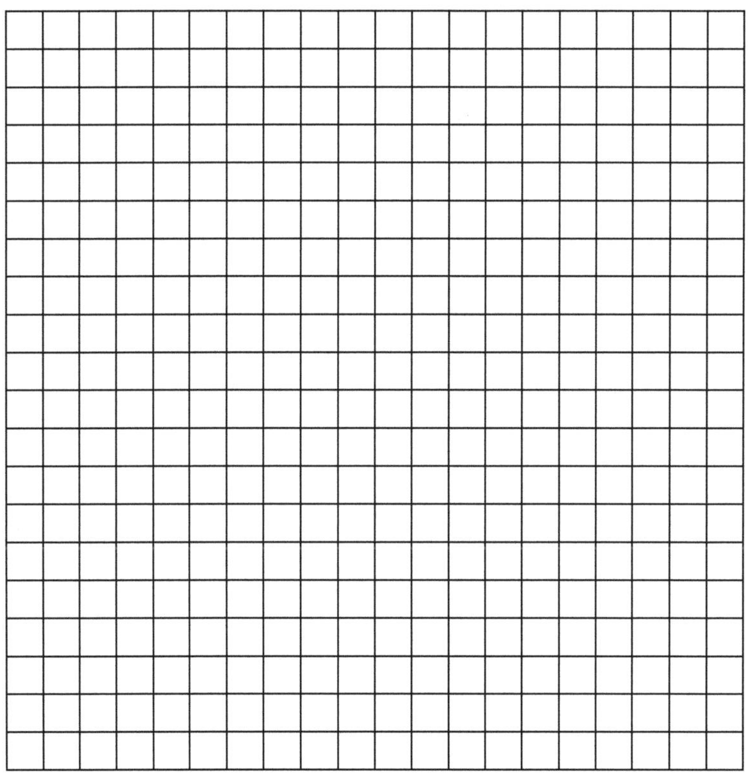

Aufgabe 20

Luther übersetzte also rund 1200 Kapitel aus dem Hebräischen und dem Griechischen in die deutsche Sprache. Verse sind es freilich noch mehr. Die ungefähre Anzahl an Versen pro Kapitel kannst du ermitteln, indem du 312 durch 12 dividierst.

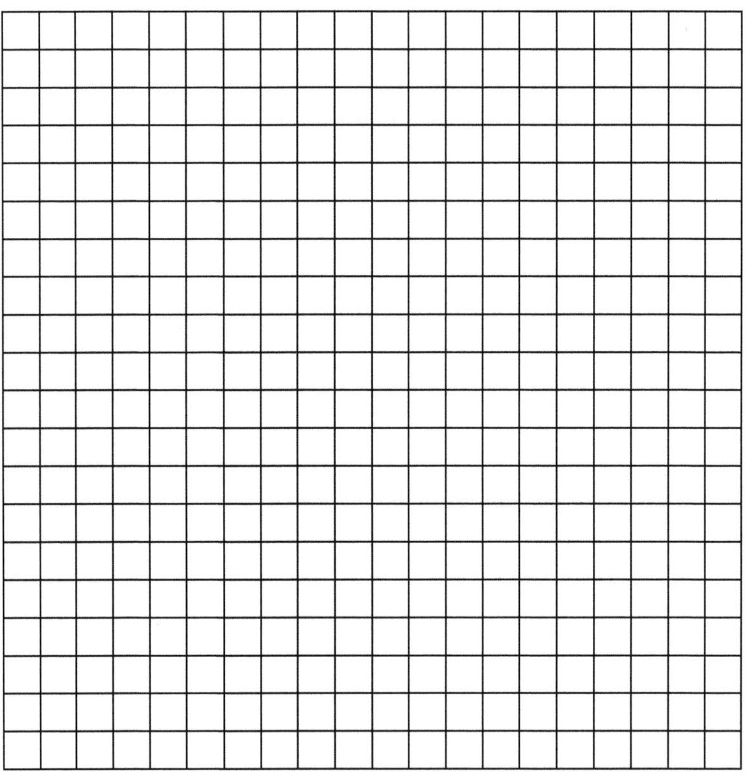

Nach der Confessio Augustana Melanchthons verfasste der Reformator Johannes Calvin eine ausführlichere Darstellung der evangelischen Glaubenslehre. Seine *Institutio Christianae Religionis* ist mit $7 \cdot 151$ Seiten in etwa so umfangreich wie die Bibel.

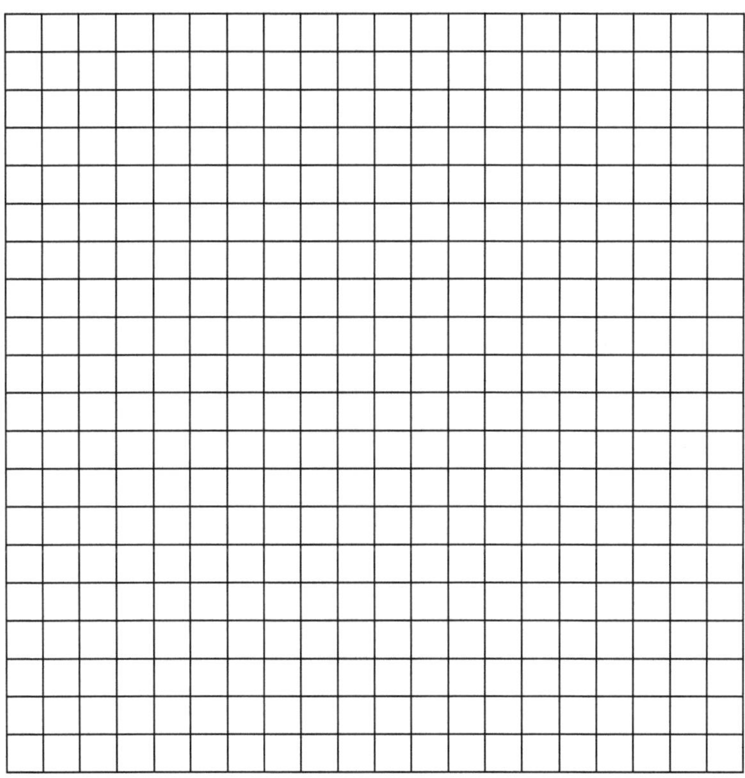

Aufgabe 22

Die fünf Bücher des Mose enthalten neben den 10 Geboten, die du vermutlich kennst, viele weitere Gebote. Sie bilden das Gesetz des Mose, die Tora, die Weisung für das Volk Israel. Die Anzahl der Gebote insgesamt ergibt sich mit dem Term 4291 : 7.

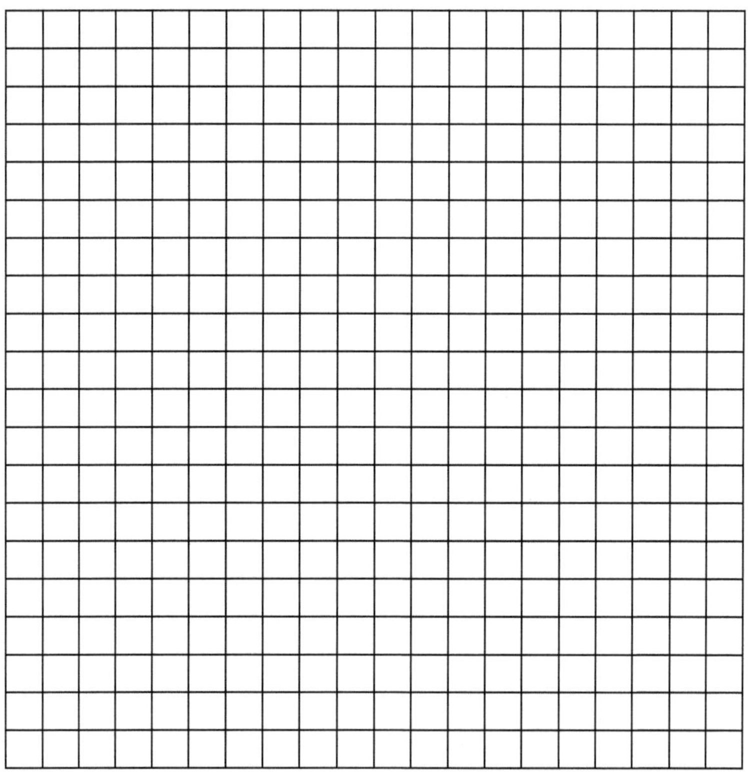

Die Bedeutung der 10 Gebote erklärte Martin Luther in seinen beiden Katechismen, die auch in heutiger Zeit noch gelesen werden. Die Gebote geben Orientierung für ein gutes Leben. Gott gab sie seinem Volk, nachdem dieses 780 – 700 : 2 Jahre in Ägypten gewohnt hatte.

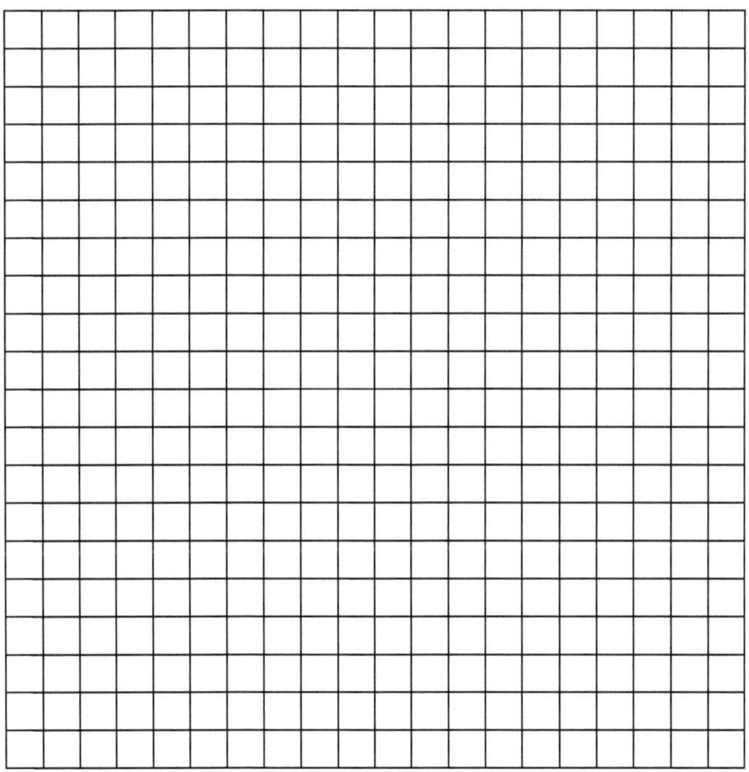

In den Büchern des Mose finden wir nicht nur Gebote. Sie erzählen die Geschichte Abrahams, Isaaks und Jakobs und ihrer Nachfahren. Sie berichten vom Auszug des Volkes aus Ägypten und seine Wanderung in der Wüste. Diese dauerte (987 – 627) : 9 Jahre.

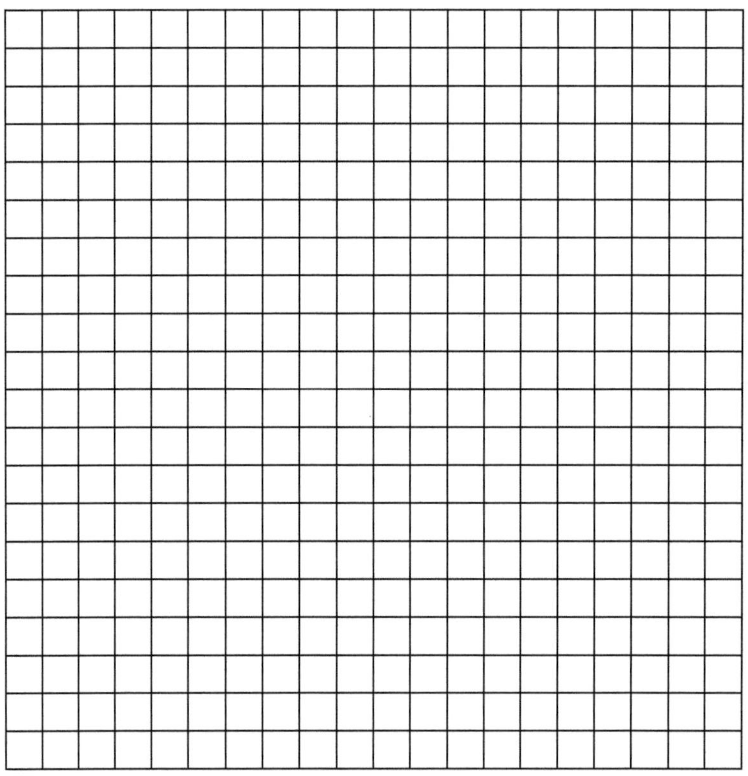

Aufgabe 25

Abraham ist der Stammvater Israels. Gott hatte ihm verheißen, dass seine Nachkommenschaft so zahlreich sein werde, dass man sie nicht werde zählen können. Die Zahl der Israeliten zur Zeit des Auszugs wird heute auf rund $2 \cdot 1000 \cdot 1000$ Menschen geschätzt.

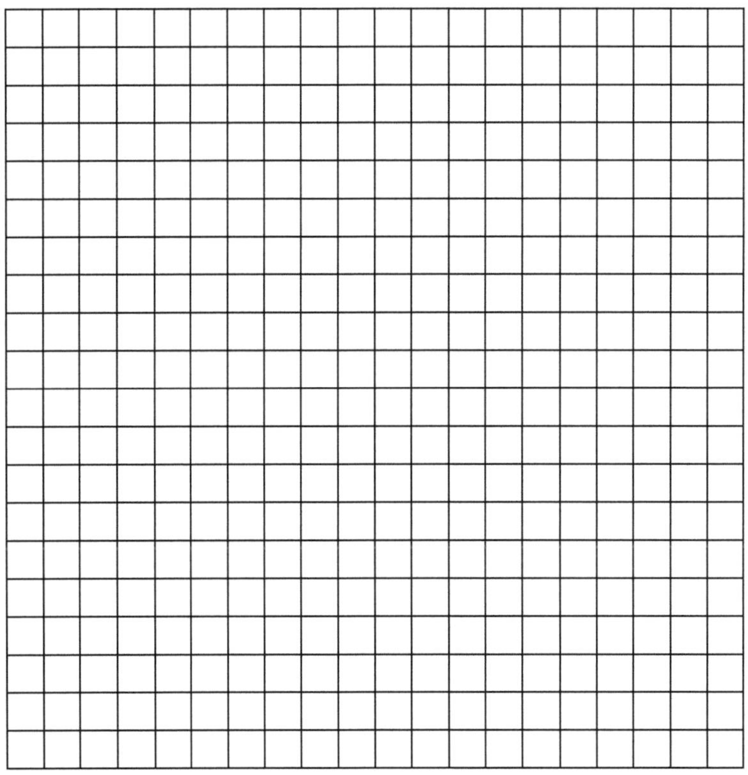

Sicher kennst du auch die Geschichte von Noah und der Arche und den Tieren? In der Arche waren viele Tiere. Noch sehr viel mehr Tiere leben aber heute auf der Erde. Ihre Zahl wird geschätzt auf unvorstellbare $1000 \cdot 1000 \cdot 1000 \cdot 1000 \cdot 1000 \cdot 1000$ Tiere.

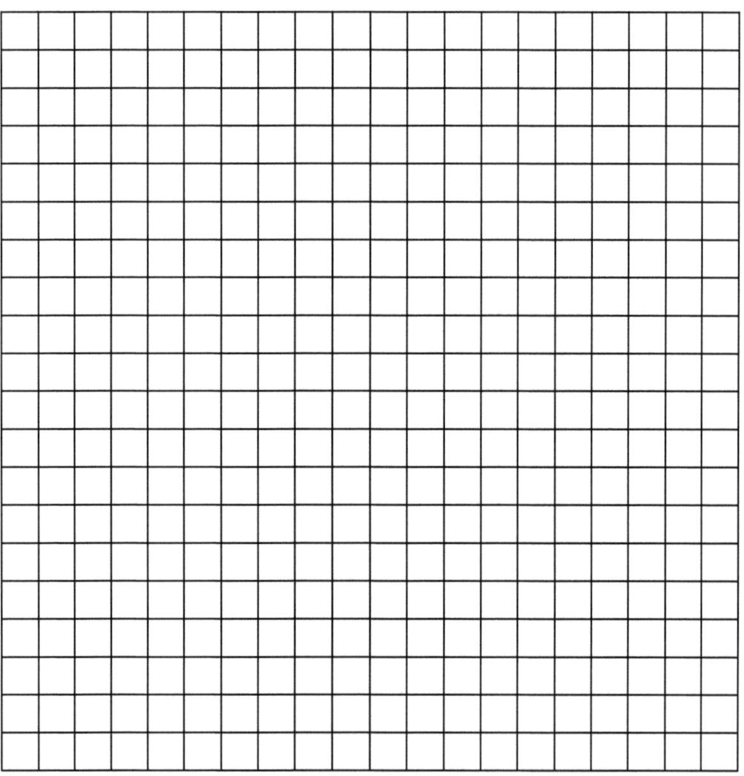

Erinnerst du dich, das Neue Testament enthält 27 Bücher!? Das erste Buch im NT ist sogleich das umfangreichste Buch im NT. Das Evangelium nach Matthäus wird seit dem Mittelalter in 28 Kapitel und $3 \cdot 3 \cdot 7 \cdot 17$ Verse eingeteilt.

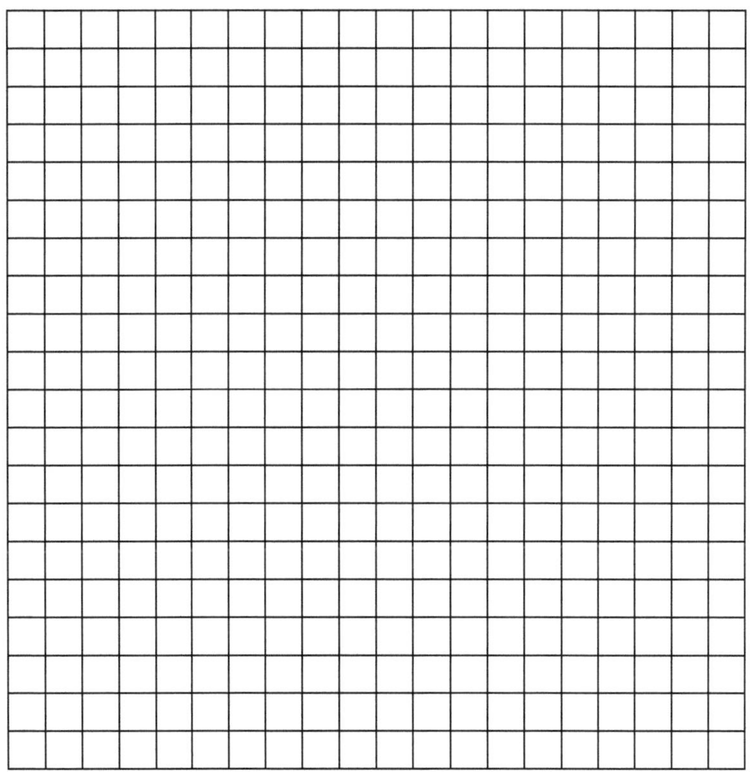

Aufgabe 28

Matthäus verbindet das Alte Testament (AT) mit dem Neuen Testament (NT). Er verkündigt Jesus Christus als den verheißenen König Israels. Er erzählt die Geschichte Jesu und er belegt und bekräftigt seinen Bericht mit (212 + 194) : 7 Schriftstellen aus dem AT.

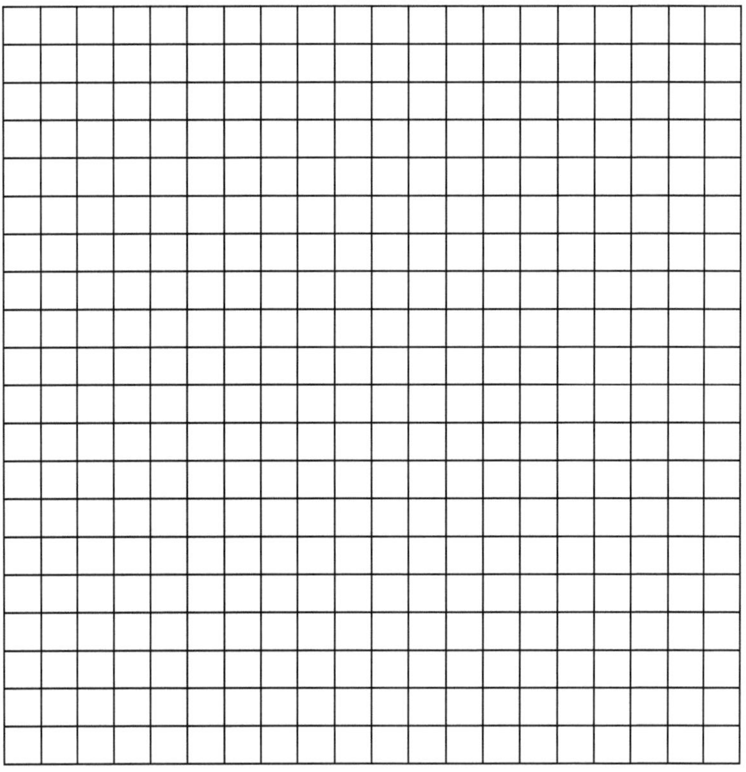

Waren die Nachkommen Abrahams so zahlreich wie die Sterne am Himmel, so vergleicht die Bibel die Weisheit von König Salomo mit der Weite des Sandstrands am Ufer des Meeres. Er soll rund $(235 + 265) \cdot 6$ Sprichwörter und Lebensregeln verfasst haben.

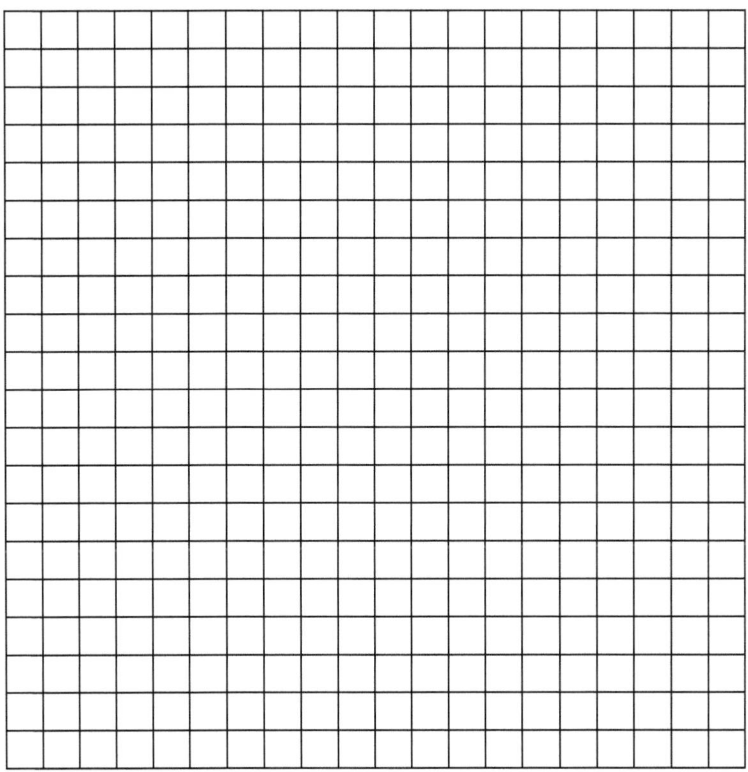

Aufgabe 30

Martin Luther schrieb in seinen Katechismen auch über jenes Gebet, das Jesus seine Jünger gelehrt hatte. Dieses Gebet, das *Vaterunser*, findest du im Evangelium nach Matthäus. Es steht zentral in der Mitte der Bergpredigt Jesu, in Kapitel 468 : 78.

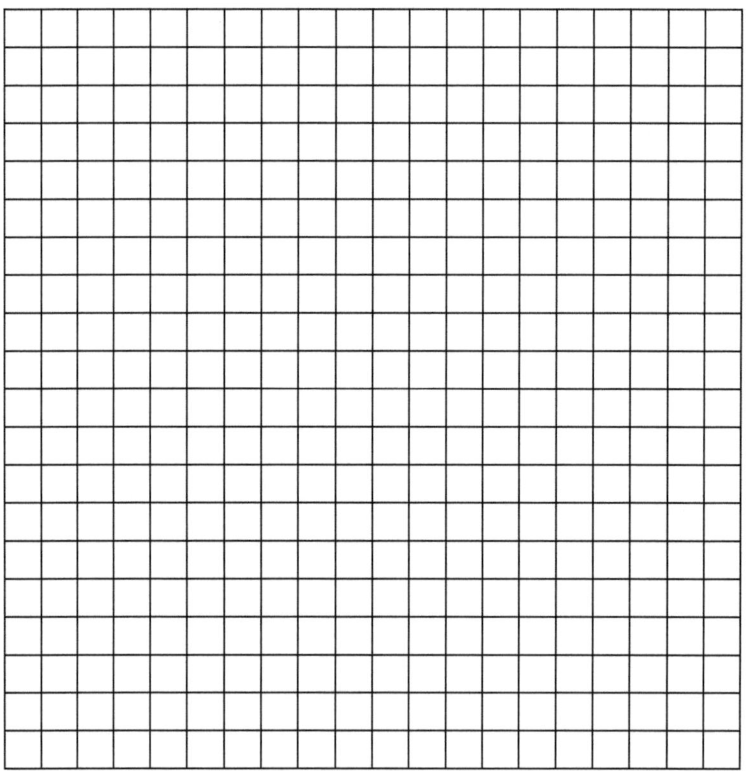

Das Evangelium wurde auch von dem Apostel Johannes verkündigt und aufgeschrieben. In seiner Schrift überliefert er die *Ich-bin-Worte Jesu.* Jesus sagte zum Beispiel: *Ich bin das Licht der Welt.* Wie viele Ich-bin-Worte Jesu sind es? Es sind 927 – 635 – 285.

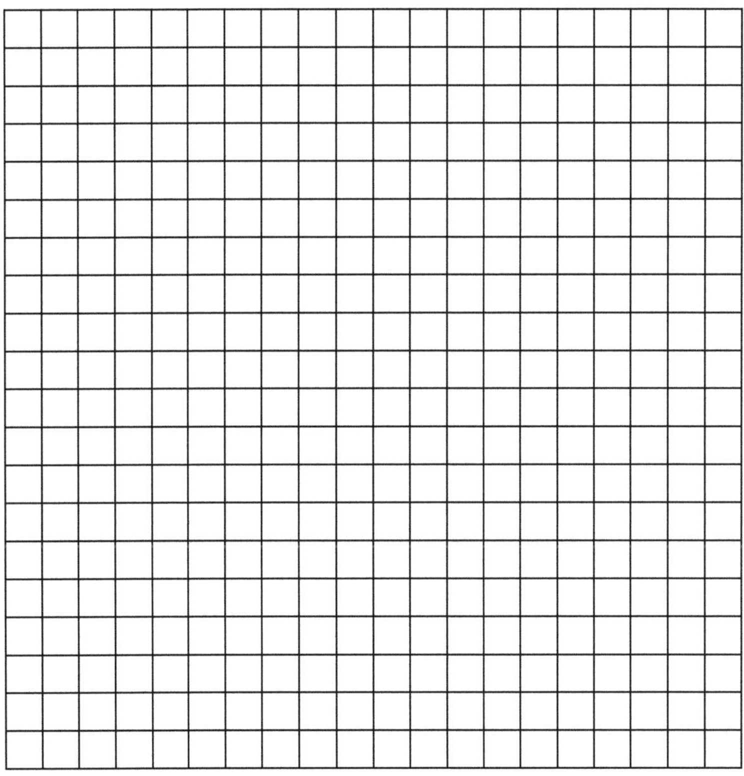

Aufgabe 32

Häufig gebrauchte Jesus den Namen *Menschensohn*, um seine Sendung, seine Aufgabe zu beschreiben. Von Gott war er gekommen. Auf Erden lebte er als Mensch unter Menschen. Daniel hatte von ihm geschrieben. Im Buch Daniel, Kapitel 91 : 13, Vers 91 : 7.

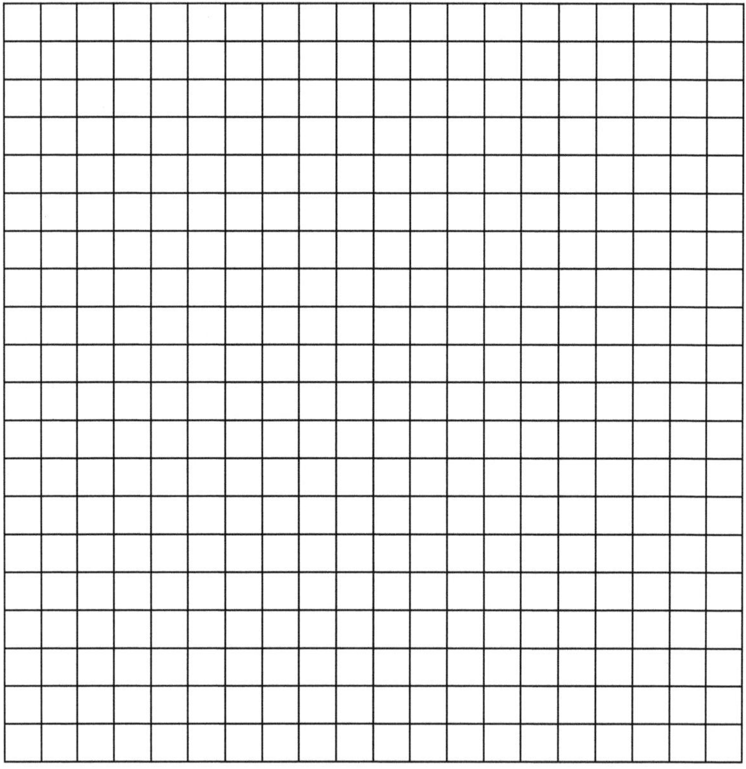

Aufgabe 33

Im Anfang hatte Gott Himmel und Erde gemacht. So lesen wir es im 1. Buch Mose. Die Geschichtsschreibung der Bibel reicht einige Tausend Jahre in die Vergangenheit zurück. Das Alter der Erde wird heute auf etwa $1{,}5 \cdot 3 \cdot 1000 \cdot 1000 \cdot 1000$ Jahre geschätzt.

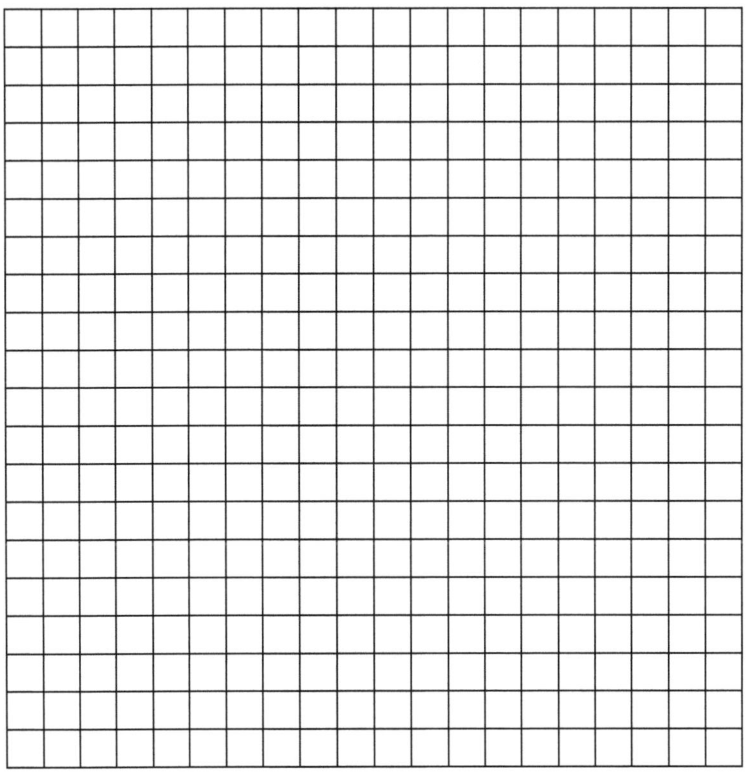

Aufgabe 34

Im Alten Testament hatte Gott Propheten zu seinem Volk Israel geschickt. Die Propheten verkündigten die Worte Gottes, sowohl Worte des Trostes als auch mahnende Worte. Einer dieser Propheten war Jesaja. Er wirkte etwa 345 + 880 – 625 Jahre vor Christus.

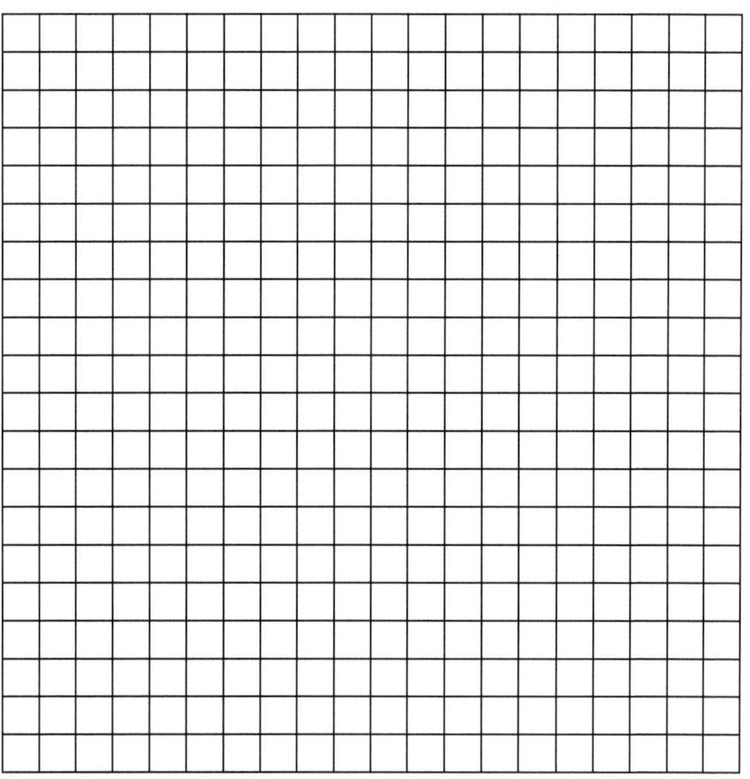

Das Prophetenbuch Jesaja ist das wohl umfangreichste Buch des Alten Testaments, wenn wir einmal von der Sammlung der 150 Psalmen absehen. Das Buch Jesaja besteht gerade aus so vielen Kapiteln, wie die ganze Bibel Bücher enthält. Es sind 594 : 9 Kapitel.

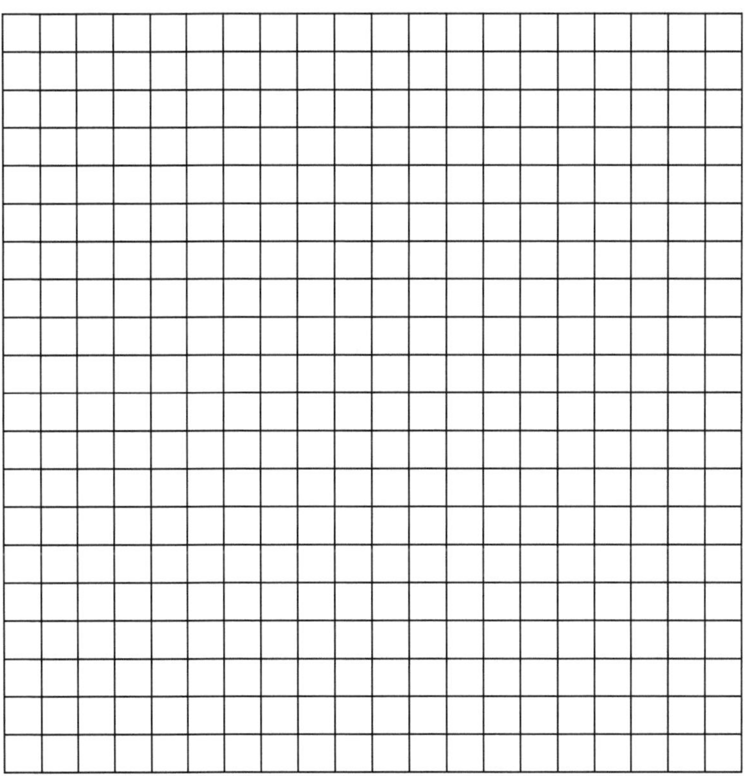

Die Gestalt der Erde ist in etwa die einer Kugel. Den ungefähren Durchmesser der Erde kannst du grob berechnen, indem du die Anzahl der Stämme Israels mit der Anzahl der Bücher des AT und der Anzahl der Bücher des NT multiplizierst, also $12 \cdot 39 \cdot 27$ km.

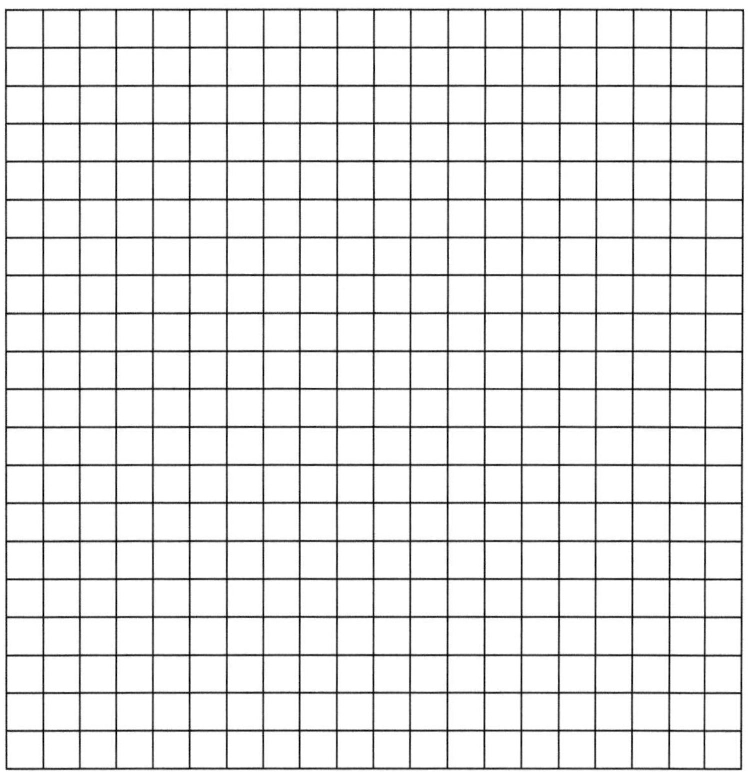

Aufgabe 37

Ein genauerer Wert für den ungefähren Durchmesser der Erde ist die Zahl 12750 km. Solltest du beabsichtigen, eine Weltreise zu unternehmen, empfehle ich dir, genügend Butterbrote einzupacken. Der Umfang der Erde beträgt etwa $3{,}14 \cdot 12750$ km.

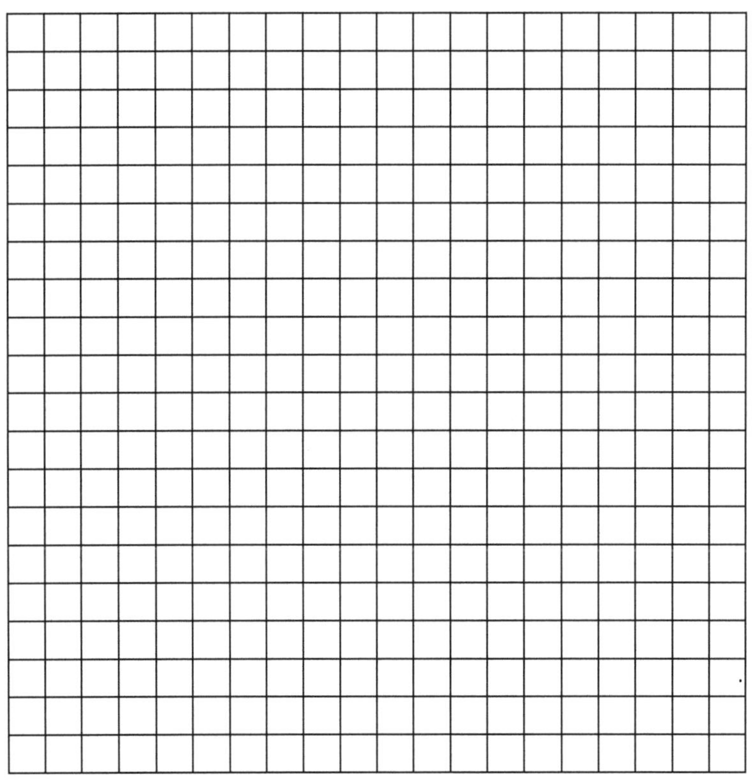

Die älteste Übersetzung der hebräisch-aramäischen Bibel ist die *Septuaginta*, die in der altgriechischen Sprache geschrieben worden ist. Sie verdankt ihren Namen der Überlieferung, nach der die Tora von 4·18 Übersetzern in 144 : 2 Tagen übersetzt worden ist.

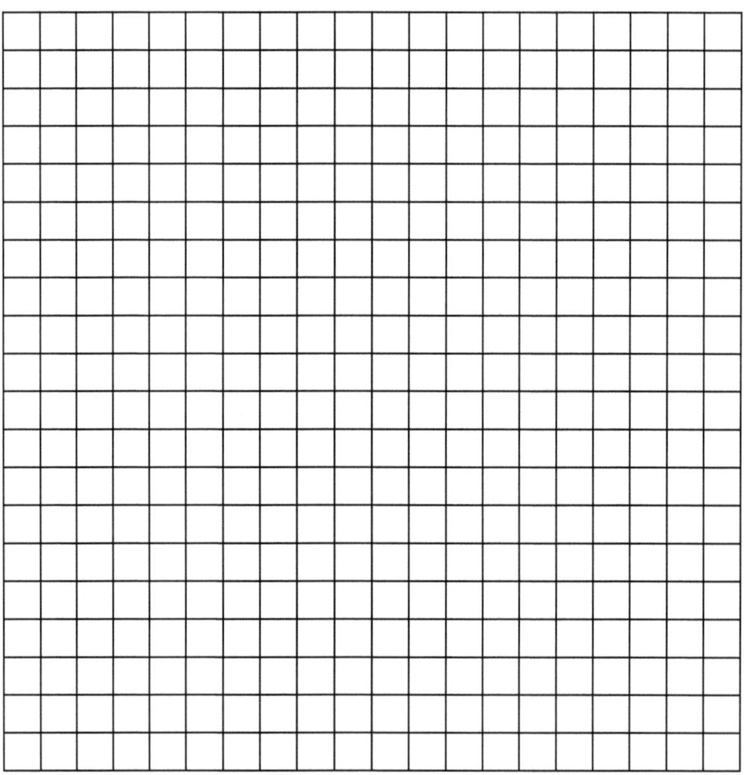

Die Septuaginta enthält Bücher, die in der Lutherbibel nicht zum Kanon biblischer Schriften gezählt werden. Im Buch Sirach heißt es, Jesaja habe gezeigt, was geschehen sollte, bevor es da war. So sprach Jesaja von Jesus. Im Buch Jesaja, Kapitel 888 – 555 – 280.

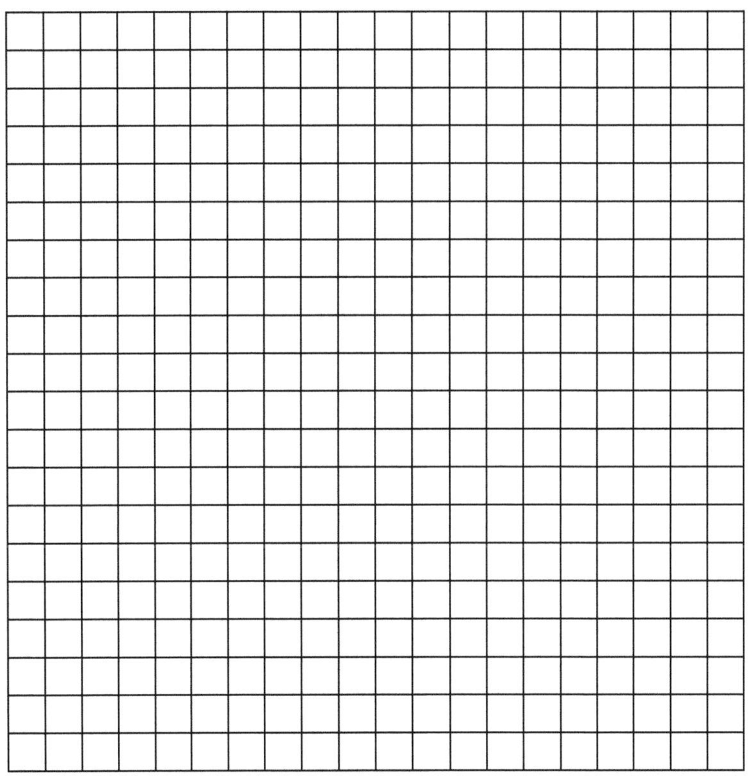

Aufgabe 40

Jesus lebte auf Erden als Mensch unter Menschen. Als Menschensohn wird er wieder auf die Erde kommen. Wir können nicht berechnen, wann dies sein wird. Dies weiß nur der Vater im Himmel. Wie viele Tage sind seit Jesu Wirken auf Erden vergangen? Etwa $365 \cdot 1987$.

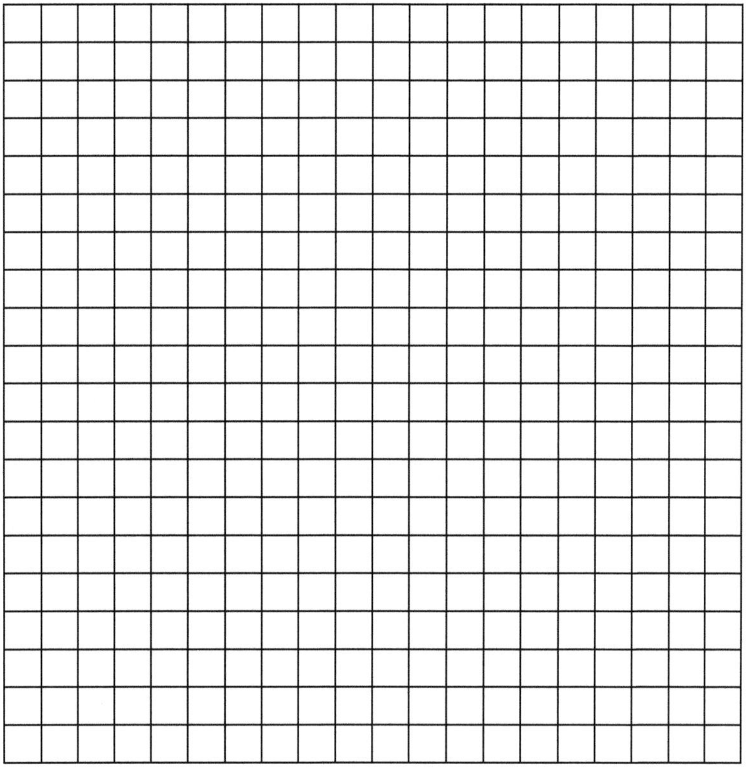

Aufgabe 41

Unbeschreiblich groß ist das Weltall. Kannst du dir die Größe des Weltalls vorstellen? Also, ich nicht. Wissenschaftler rechnen mit Entfernungen von mehreren Milliarden Lichtjahren. Unsere Milchstraße besitzt schon einen Durchmesser von $10 \cdot 20 \cdot 500$ Lichtjahren.

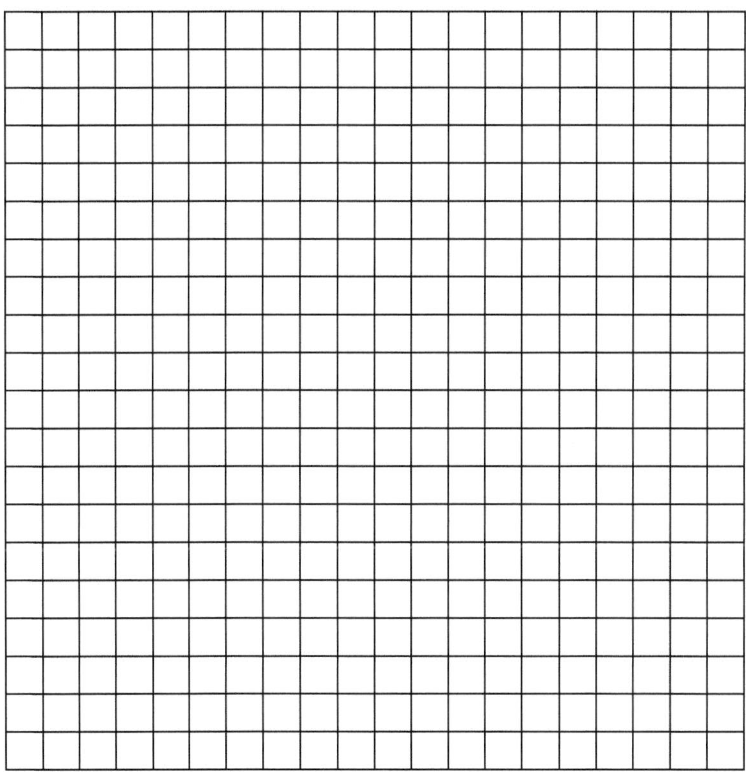

Aufgabe 42

Gott schuf das Licht, den Raum und die Zeit, das Land und die Meere, die Pflanzen und die Tiere, er schuf den Menschen zu seinem Bilde. Das Schöpfungswerk dauerte $\sqrt{36}$ Tage, am 7. Tag aber ruhte Gott von allen seinen Werken. $\sqrt{36}$ liest du *Wurzel aus 36*.

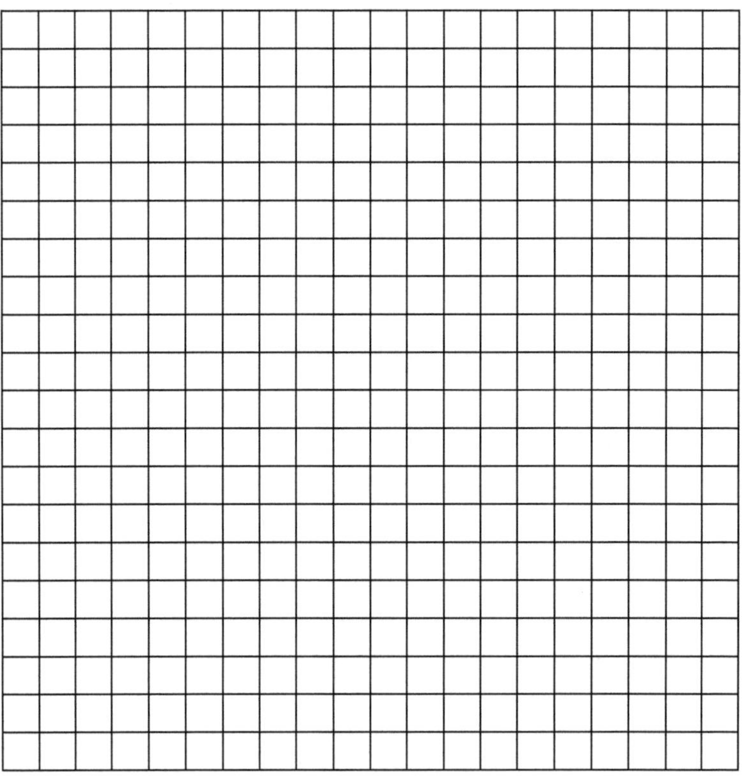

Aufgabe 43

Was ist ein Lichtjahr? Ein Lichtjahr ist die Entfernung, die das Licht in einem Jahr zurücklegt. Das Licht legt in einer Sekunde 300000 km, in einer Minute somit 18.000.000 km und in einer Stunde 1.080.000.000 km zurück. Was also ist ein Lichtjahr?

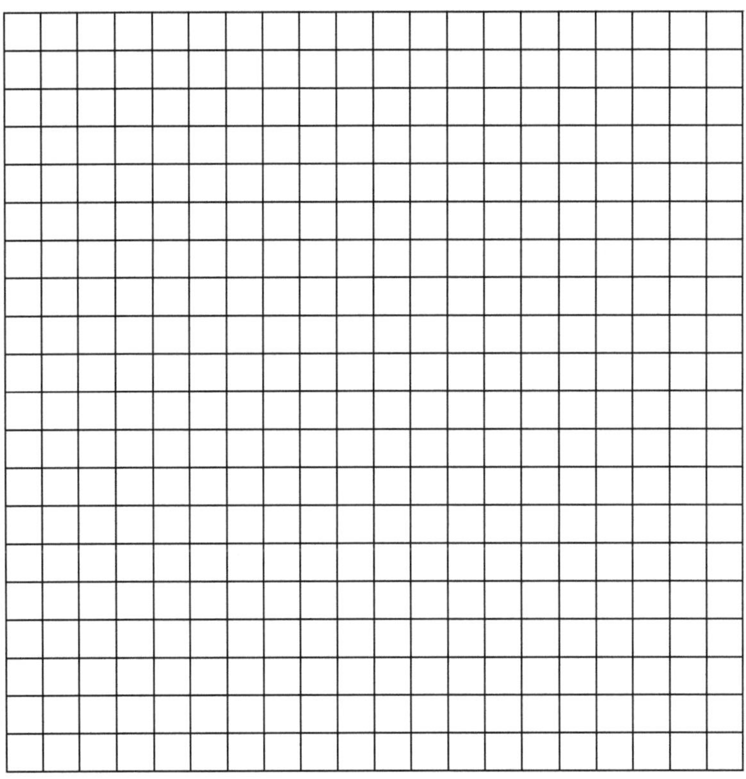

Aufgabe 44

Wissenschaftler gehen davon aus, dass allein in unserer Milchstraße, der Galaxie also, in der wir wohnen, rund $300 \cdot 1000 \cdot 1000 \cdot 1000$ Sterne existieren. Unsere Sonne ist einer dieser Sterne. Die Milchstraße selbst hat die Form einer flachen Scheibe.

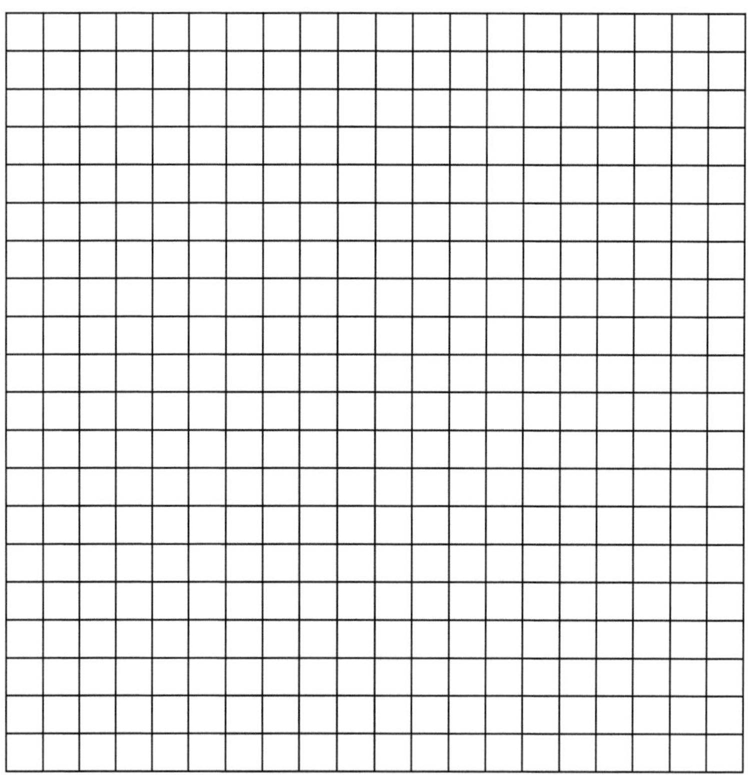

Die Sonne ist manchmal religiös verehrt worden. Die Bibel lehrt uns, die Sonne als Schöpfung Gottes zu verstehen. Sie wird nicht ewig brennen und leuchten. Ihre Existenzerwartung wird von Wissenschaftlern mit etwa 50 : 4 Milliarden Jahren angegeben.

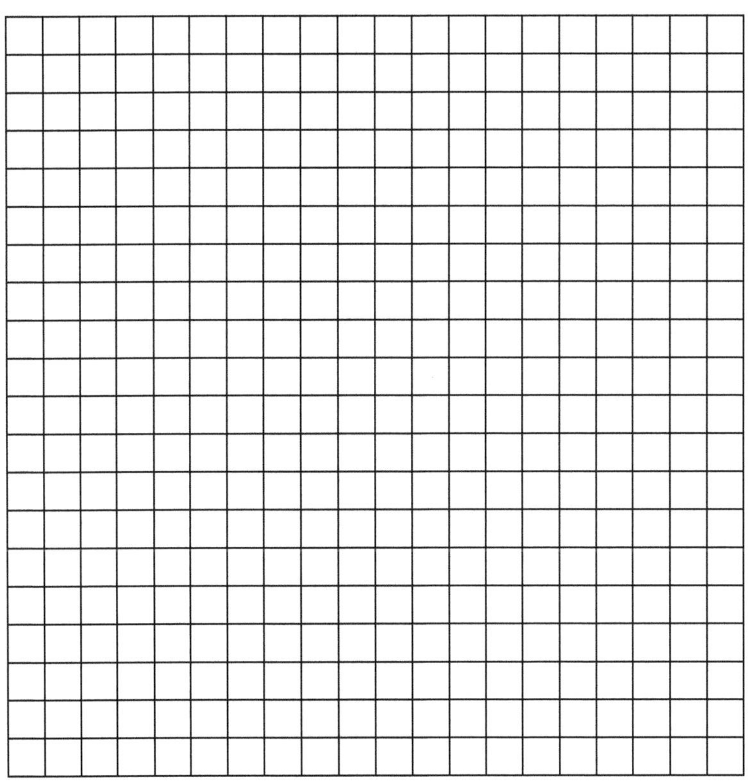

Von Martin Luther wird die Aussage überliefert, er wolle auch dann, wenn morgen die Welt unterginge, heute noch ein Apfelbäumchen pflanzen. Wie viele Apfelbäumchen passen auf ein 2 Hektar großes Land, wenn jeder Baum 25 Quadratmeter Fläche benötigt?

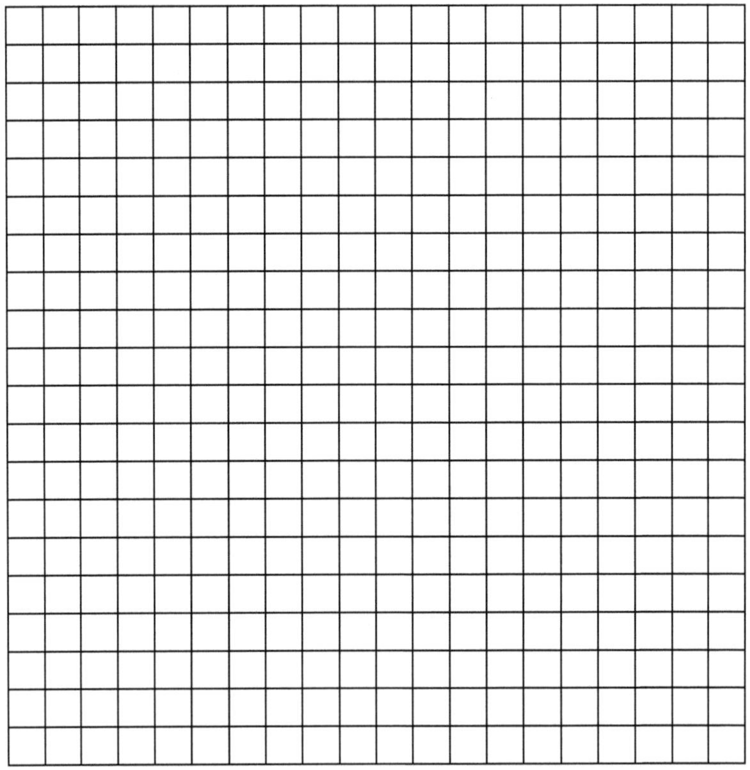

Zu den Zeiten Noahs wäre beinahe die gesamte Menschheit untergegangen. Nur 8 Menschen überlebten die Sintflut in der Arche. Wie lang war eigentlich die Arche? Rechne: 250 · 6 : 5 Ellen. Eine Elle entspricht ungefähr einem halben Meter.

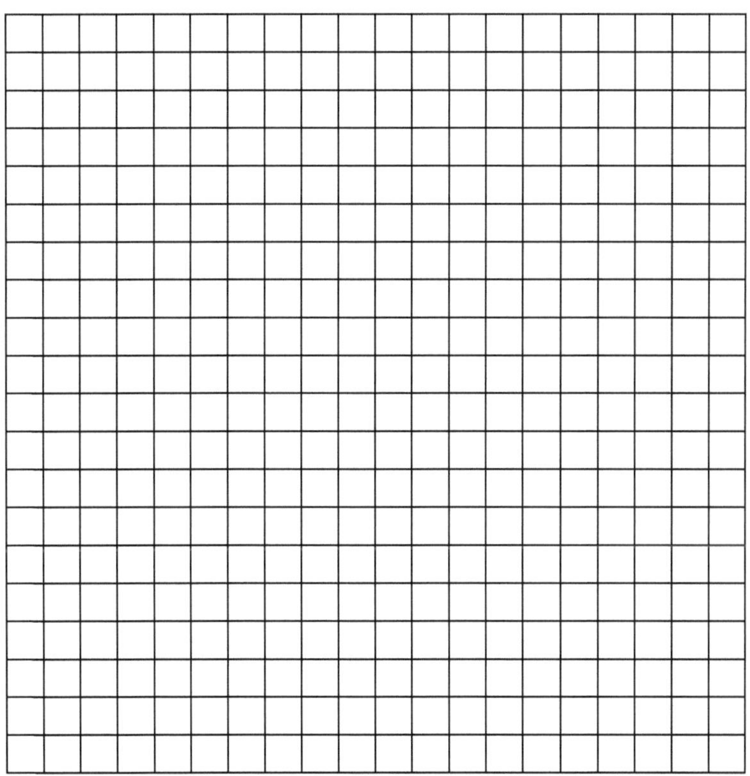

Aufgabe 48

Noah hatte einen Kasten gebaut, die Arche, um mit seiner Familie und den Tieren darin überleben zu können. Gott hatte ihm den Auftrag dazu gegeben. Wie viele Tage (und Nächte) ließ Gott es regnen auf Erden, zu vertilgen alles Lebendige? 1020 – 840 – 140 Tage.

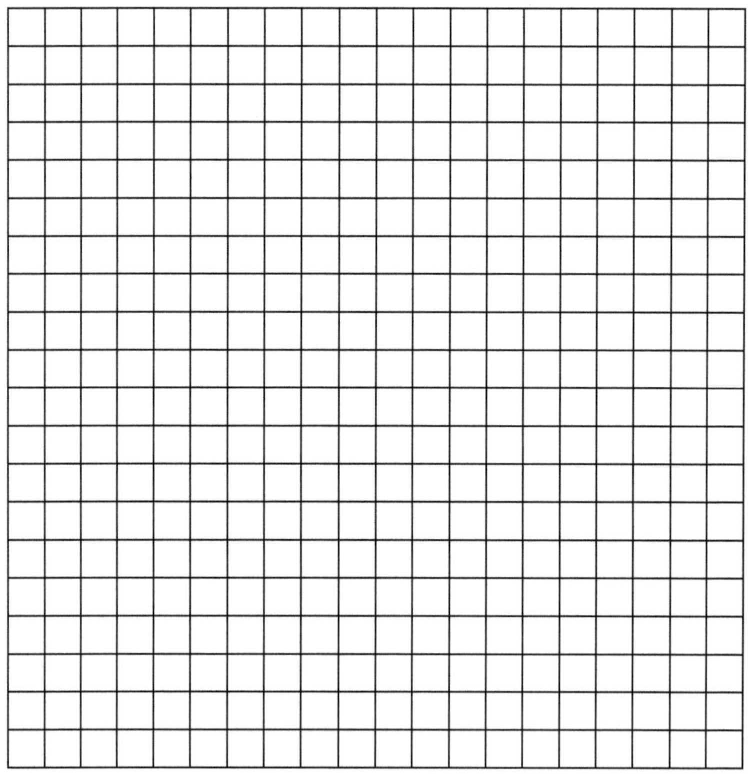

Abraham war ein Nachkomme Noahs. Gott hatte Abraham auch Nachkommen verheißen, so zahlreich wie die Sterne am Himmel. Aber er musste geduldig sein. Der Sohn der Verheißung, Isaak, wurde ihm geboren, als er schon $4 \cdot (420 - 285 - 110)$ Jahre alt war.

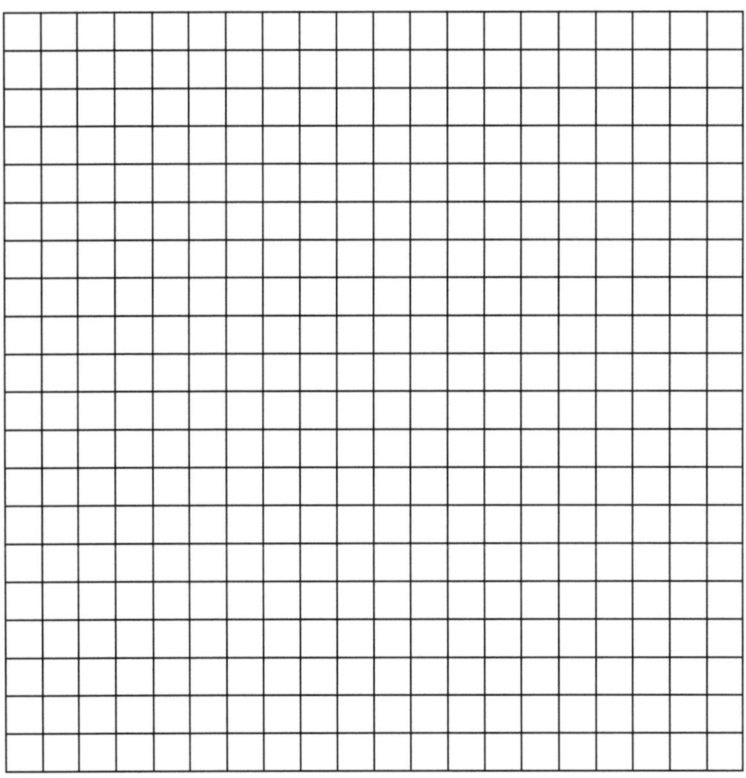

Die Bibel ist Gottes Wort an uns Menschen. Aber sie ist auch der Menschen Wort an Gott, besonders in den Gebeten und Liedern. Im Verlauf der Geschichte der Kirche kamen viele Lieder hinzu. Charles Wesley verfasste rund $24 \cdot 250$ Gedichte, Gebete und Lieder.

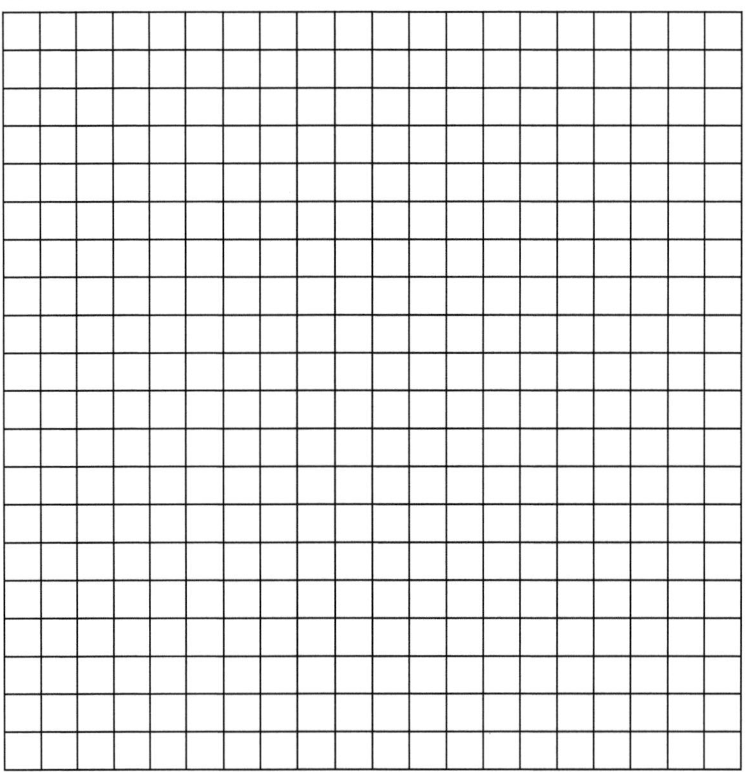

Aufgabe 51

Die Brüder John und Charles Wesley waren im England des 18. Jahrhunderts die Begründer des *Methodismus*, einer evangelistischen Bewegung auf dem Boden der Reformation. John predigte die Liebe zu Gott und zu allen Menschen. Er hielt rund 200000 : 5 Predigten.

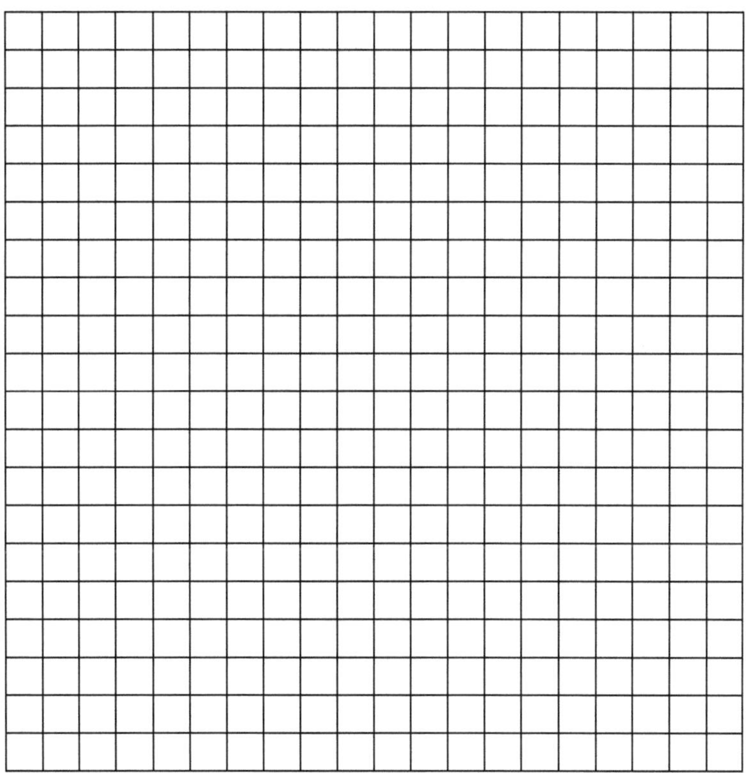

Aufgabe 52

Auch Jakob, der Sohn Isaaks, arbeitete hart für seinen Onkel Laban in Haran. Er hütete seine Schafherden. Er heiratete seine Töchter Lea und Rahel. Mit diesen und seinen eigenen Herden kehrte er nach 340 – 195 – 125 Jahren nach Hause zurück.

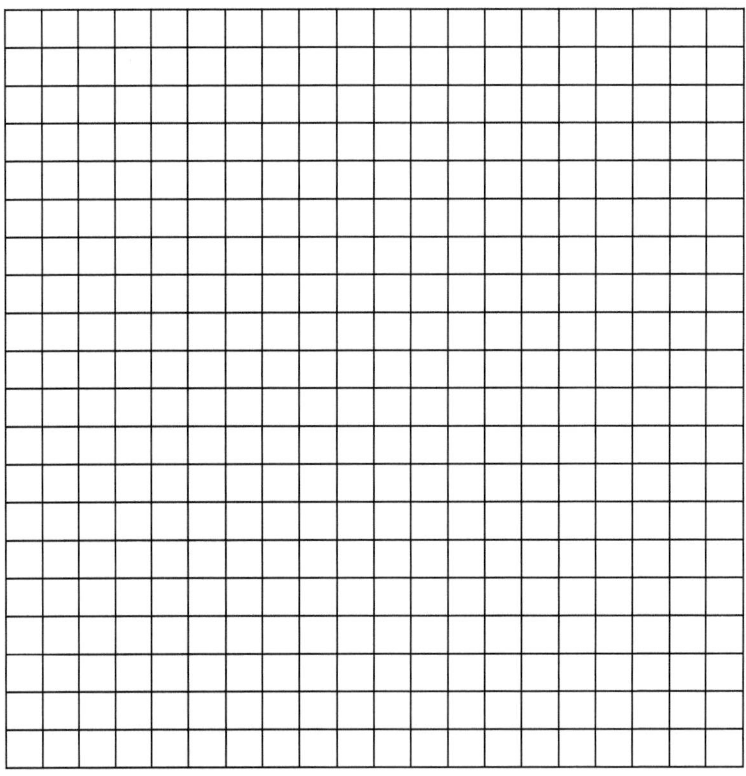

Aufgabe 53

Der Prophet Jona war vor Gott geflohen. Er wollte nicht tun, was Gott ihm geboten hatte. Auf seiner Flucht wäre er beinahe im Mittelmeer ertrunken. Aber Gott schickte einen großen Fisch, der ihn verschlang. Nach $27 \cdot 6 : 54$ Tagen spuckte er ihn wieder aus.

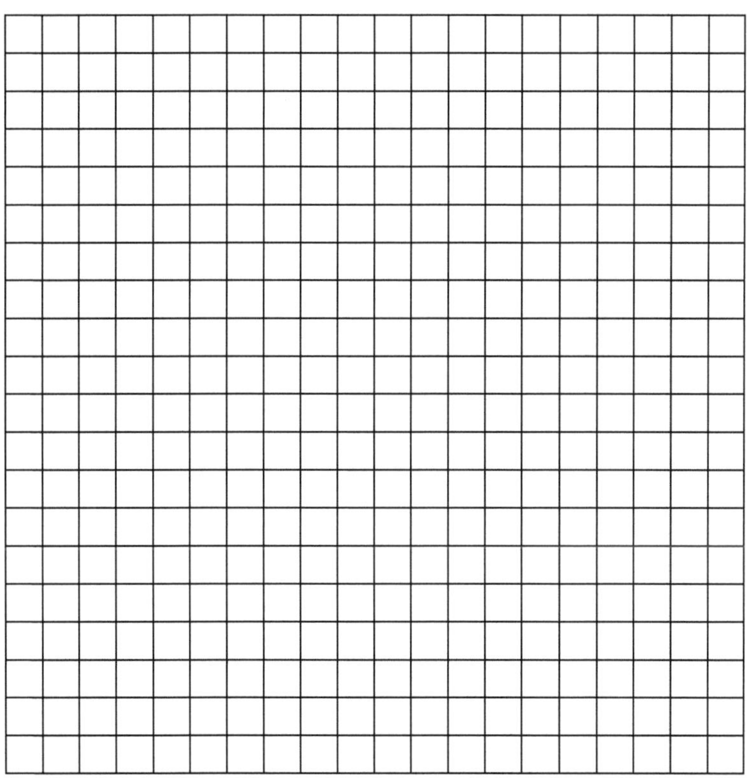

Im Bauch des Fisches betete Jona zu Gott. Gott sprach zu dem Fisch und erbarmte sich über Jona. Gott wollte, dass er nach Ninive geht und den Menschen Buße predige. Gott wollte sich über Ninive erbarmen. Dort lebten $5 \cdot 27000 - 15000$ Menschen.

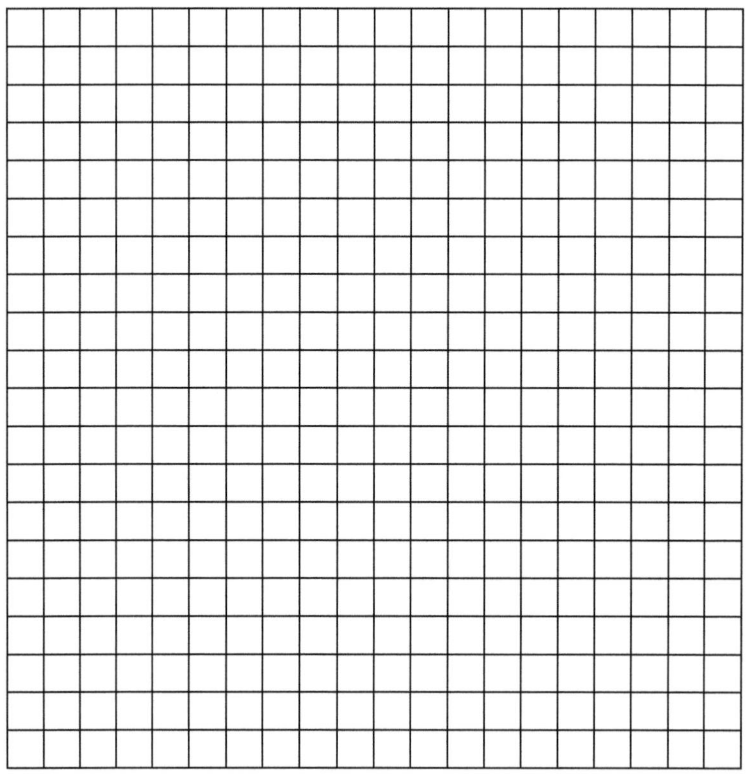

Martin Luther schrieb, es meine niemand genügend die Bibel gelernt zu haben, er habe denn $2 \cdot 2 \cdot 5 \cdot 5$ Jahre mit den Propheten und Aposteln die Kirche geleitet. Kindlich vertrauend mögen wir hören und lernen, was Gott uns sagt.

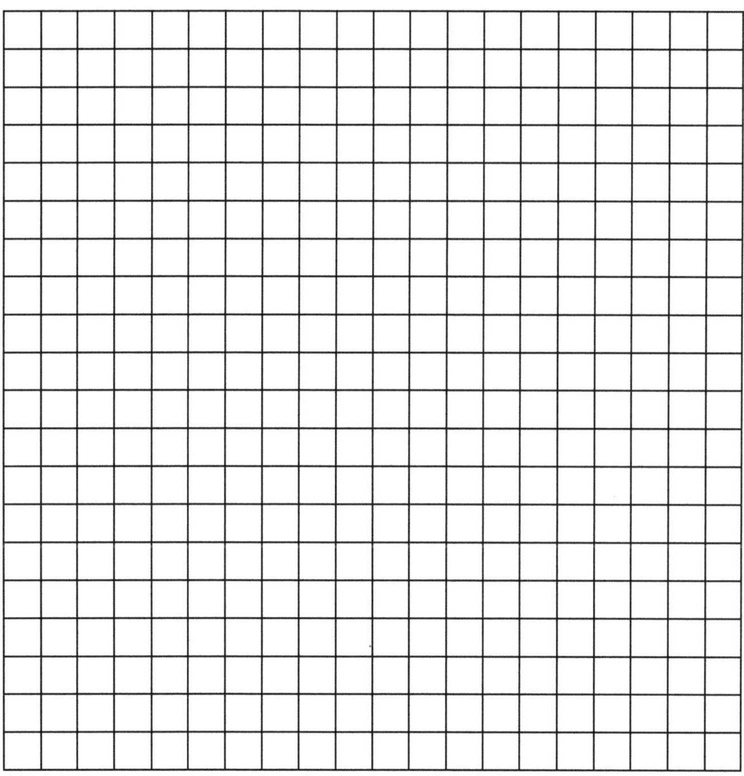

Aufgabe 56

Was ist der Mensch, dass du seiner gedenkst? So fragt König David in Psalm 8. David dankt in Psalm 139, er sei wunderbar gemacht. Gott habe ihn gebildet im Leib der Mutter. Die Dauer einer Schwangerschaft beträgt etwa 0,735 Jahre. Wie viele Tage sind das?

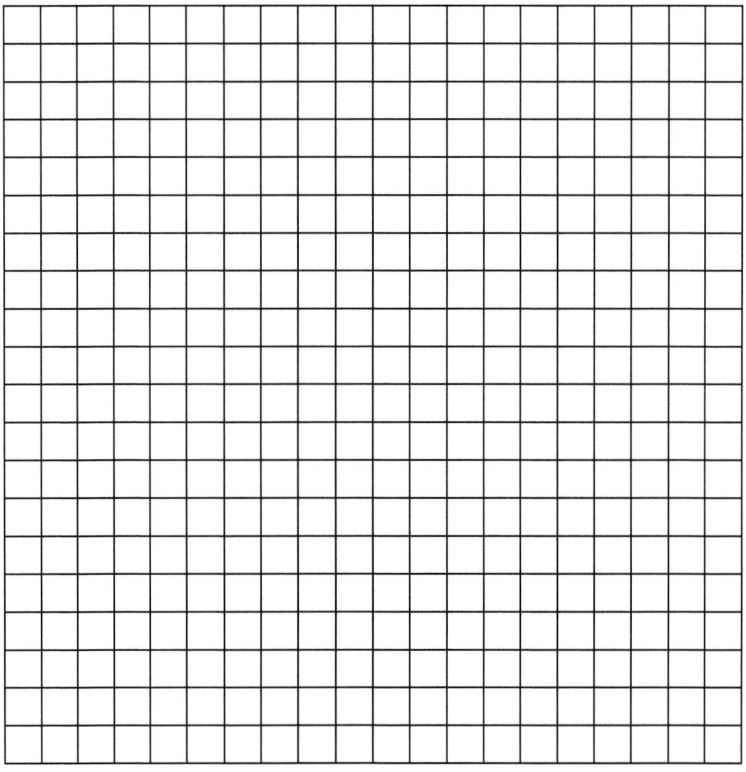

Aufgabe 57

Ein Mensch, Leib und Seele, Herz und Verstand, Sinne und Nerven, Muskeln und Knochen, Blutkreislauf und Atmung, ein Wunderwerk Gottes. Allein unser Gehirn besteht aus etwa $4000 \cdot 250000$ Nervenzellen, fast so viele, wie es wohl Sterne gibt in unserer Galaxie.

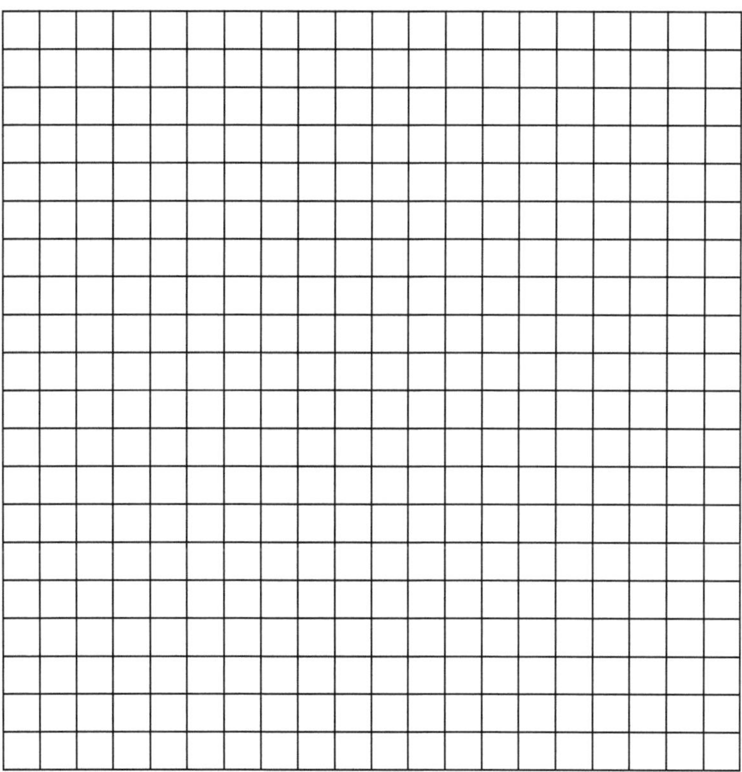

Aufgabe 58

Bereits im Leib der Mutter fängt es zu schlagen an. Es begleitet uns unser Leben lang. Es pumpt das Blut durch unsere Adern und versorgt die Zellen mit Nährstoffen und dem Sauerstoff. Täglich schlägt unser Herz etwa $2 \cdot 3 \cdot 7 \cdot 11 \cdot 13 \cdot 17$ mal.

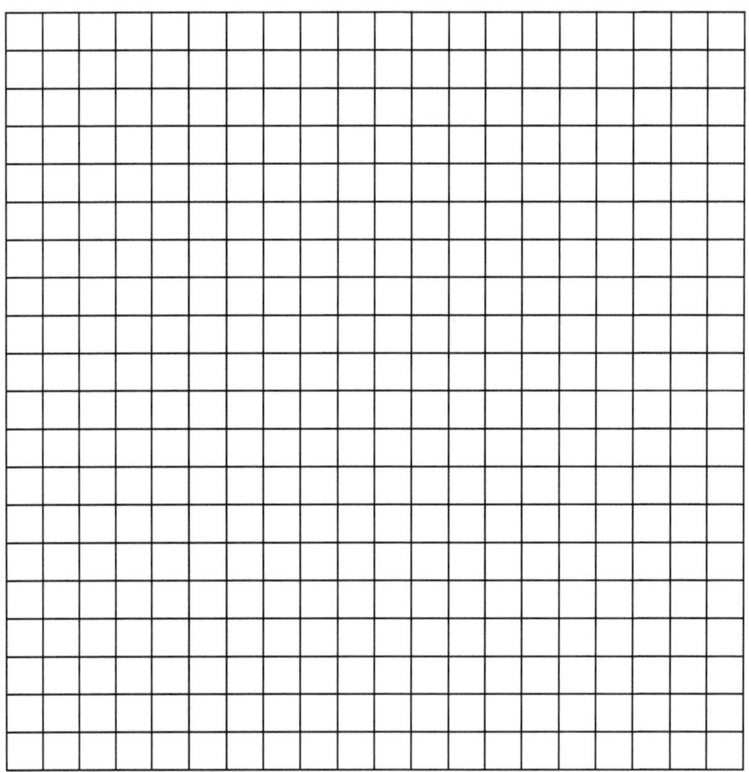

Aufgabe 59

Unser Herz vermag nicht für immer zu schlagen. Wenn es sehr müde wird, ruht es aus von seiner Arbeit. Der Mensch stirbt. Mose betet in Psalm 90, die Lebenszeit des Menschen sei beschränkt auf etwa 70 Jahre, manchmal aber werden es auch 3200 : 40 Jahre.

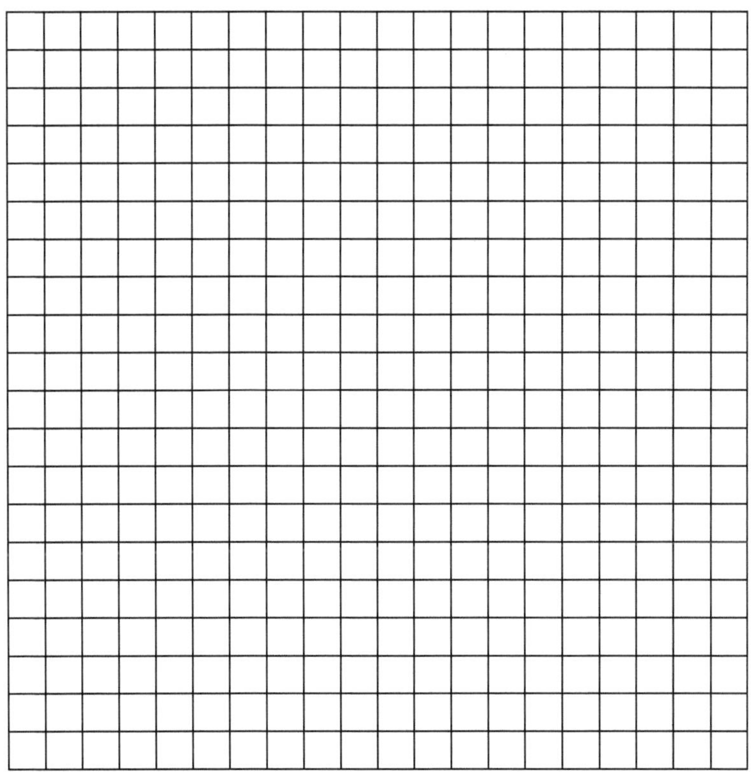

Aufgabe 60

Die Bibel berichtet von einer Zeit auf Erden, in welcher die Menschen ein höheres Alter erreichten als in heutiger Zeit. So erreichte Noah ein Alter von 950 Jahren. Der älteste Mensch der Bibel aber war Metuschelach mit 5814 : 6 Jahren.

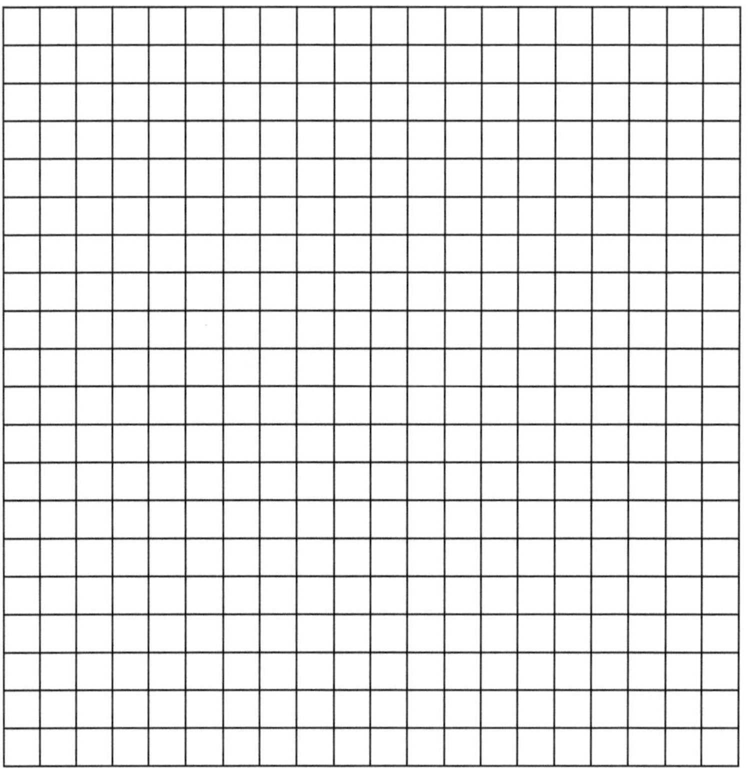

Wenn Jesus mit seinen Jüngern von Ort zu Ort zog, um in den Dörfern und Städten zu predigen, legten sie etliche Kilometer zu Fuß zurück. Die Entfernung etwa zwischen dem See Genezareth und der Stadt Jerusalem betrug rund 750 : 5 km.

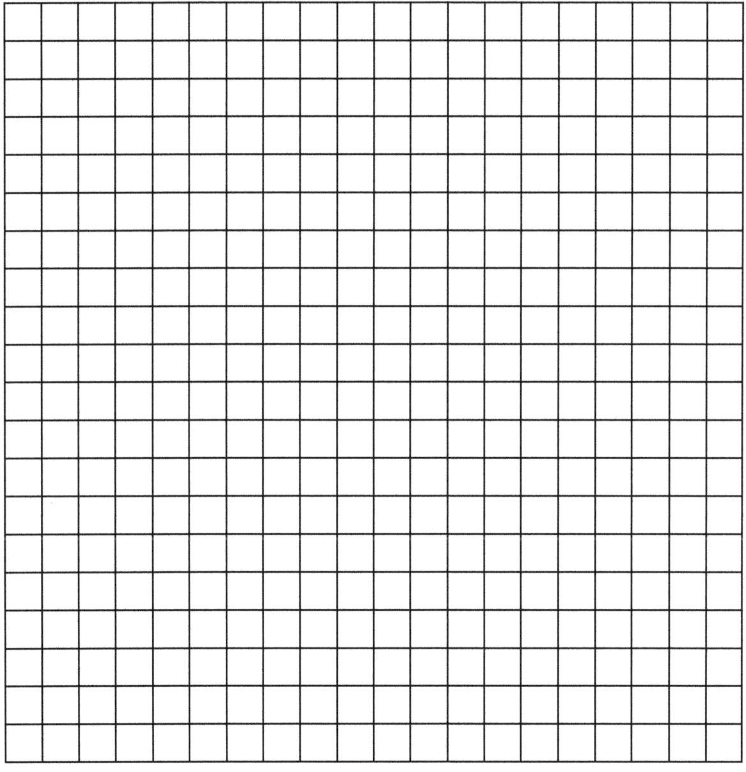

Aufgabe 62

Auch der Höhenunterschied etwa zwischen der Stadt Kapernaum, am See Genezareth gelegen, und der Stadt Jerusalem war beträchtlich und betrug wenigstens 250 + 320 + 185 + 245 m. Die Wanderungen Jesu und der Jünger im bergigen Land waren also beschwerlich.

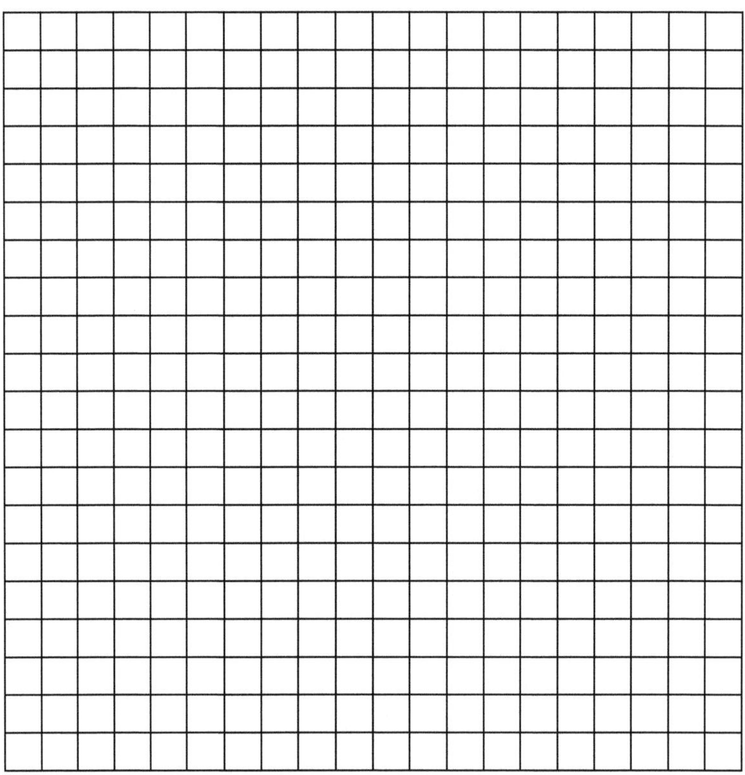

Durch den Evangelisten Lukas wissen wir, dass Jesus als Kind mit seinen Eltern, Josef und Maria, zum Passafest nach Jerusalem kam. Dann ging der kleine Jesus am liebsten in den Tempel und befragte die jüdischen Gelehrten. Damals war er $\sqrt{144}$ Jahre alt.

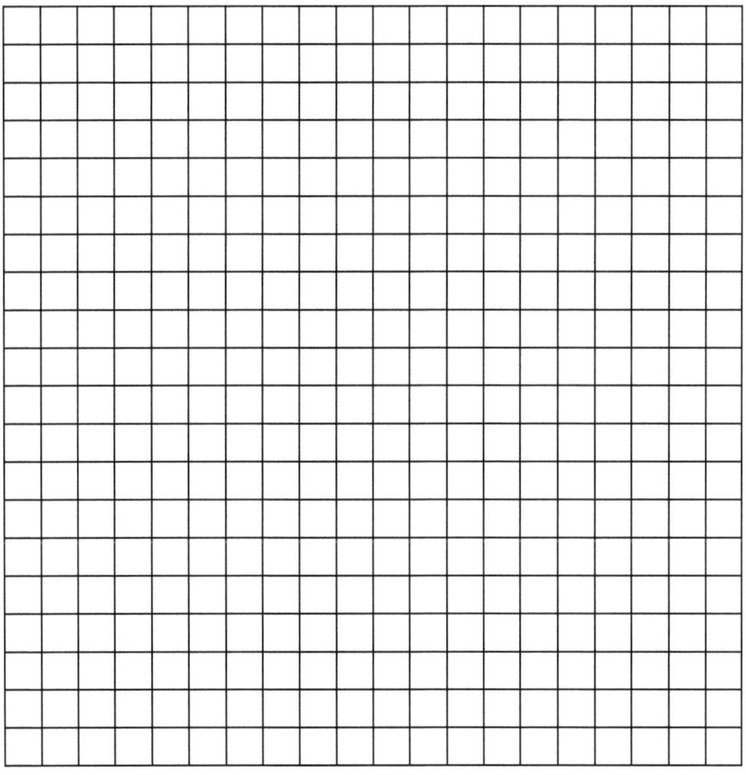

Als die Zeit gekommen war, wurde Jesus von Johannes dem Täufer im Jordan getauft. Johannes hatte von Gott den Auftrag erhalten, auf Jesus, den König Israels, hinzuweisen. Mit seiner Taufe fing Jesus zu wirken an. Da war er etwa 374 – 189 – 155 Jahre alt.

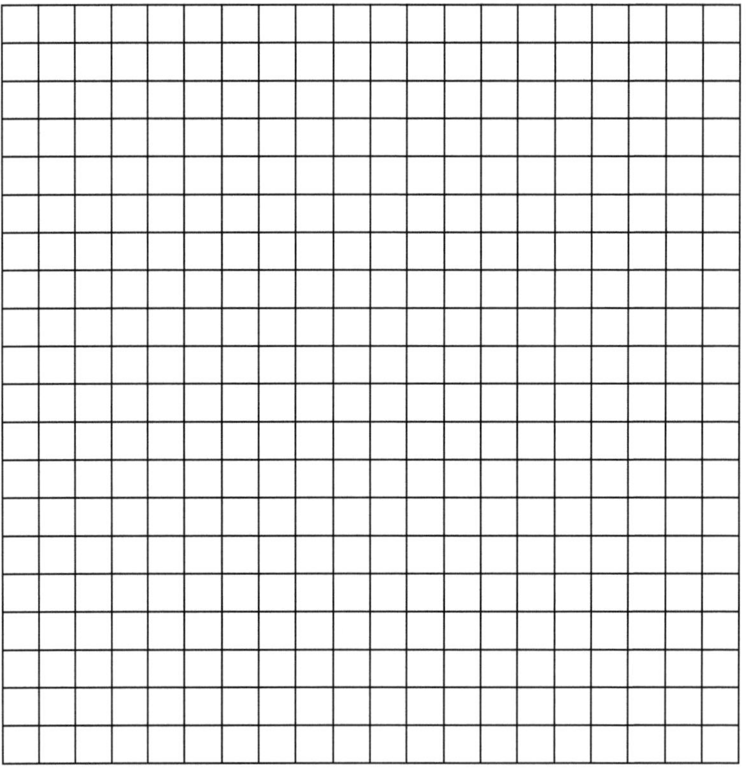

Nach seiner Taufe ging Jesus in eine Wüste, an einen einsamen Ort. Er bereitete sich auf seine Aufgabe vor, die ihn in Leid und Tod hineinführen sollte. Er war das Lamm Gottes, das die Sünde der Welt auf sich nahm. 490 : 7 – 30 Tage und Nächte fastete er in der Wüste.

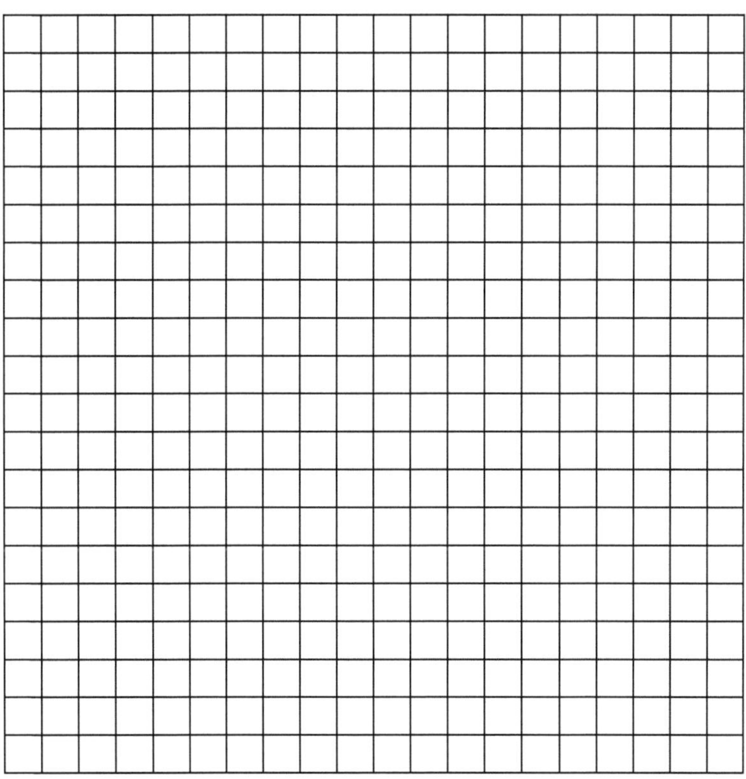

Aufgabe 66

John Wesley reiste durch England und nach Amerika.
Er reiste auf dem Rücken seines Pferds, per Kutsche
oder zu Wasser. Bei gutem Wetter und unter widrigen
Umständen. Er predigte an allen Orten von der Liebe
Gottes. Er soll über $600 \cdot 500 + 20000$ km gereist sein.

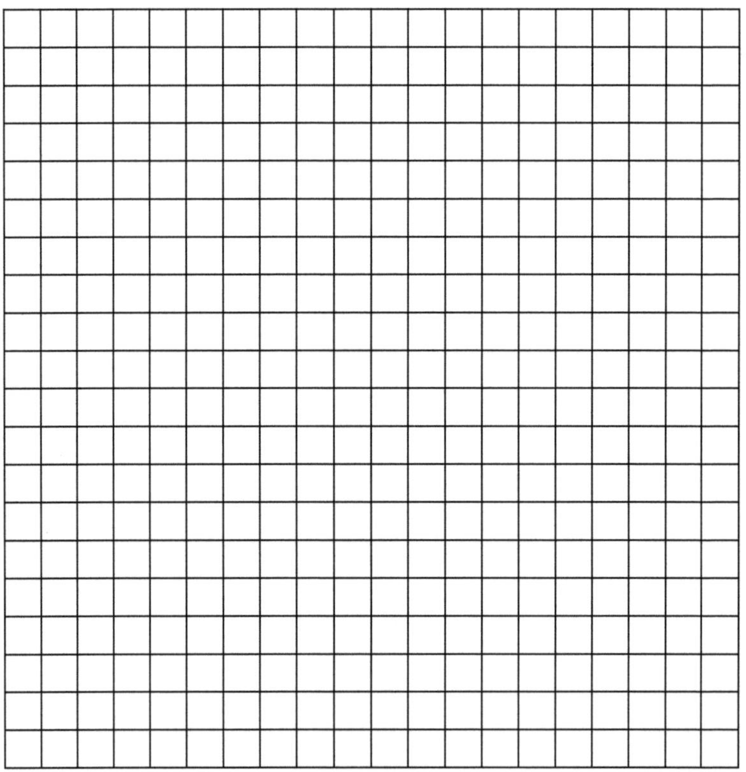

Aufgabe 67

In Christus hat Gott die Welt mit sich versöhnt. Aber nur wenige Menschen erkannten damals in Jesus den Christus, den von Gott verheißenen Retter. Paulus schreibt, dass Jesus nach seiner Kreuzigung von mehr als 118 + 317 + 65 Brüdern gesehen wurde.

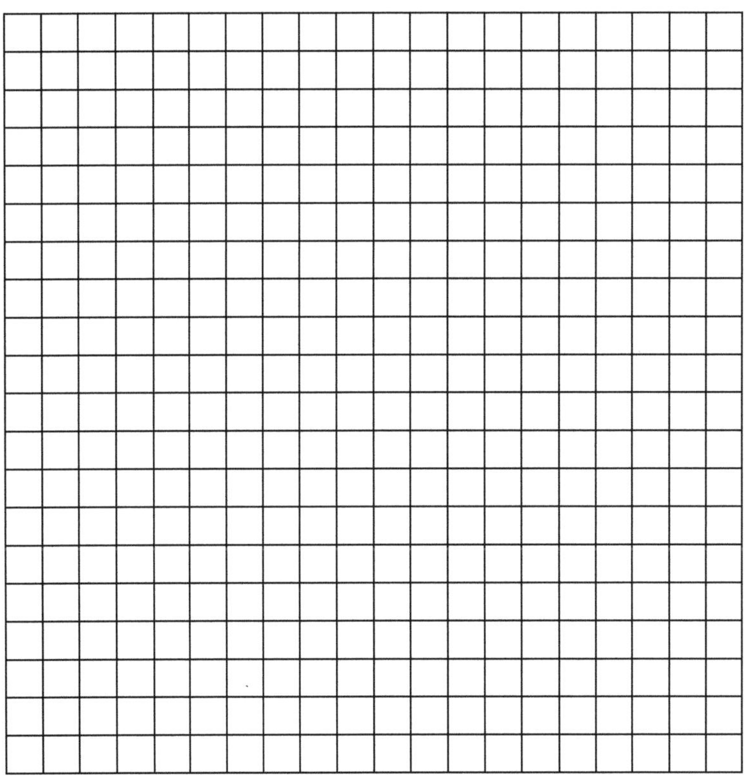

Aufgabe 68

Heute leben rund 7,5 Milliarden Menschen auf der Erde. Viele dieser Menschen fühlen und sehen sich einer Religion zugehörig, z.B. dem Hinduismus oder dem Buddhismus, dem Judentum oder dem Islam. Etwa 30% der Menschen bekennen sich zum christlichen Glauben.

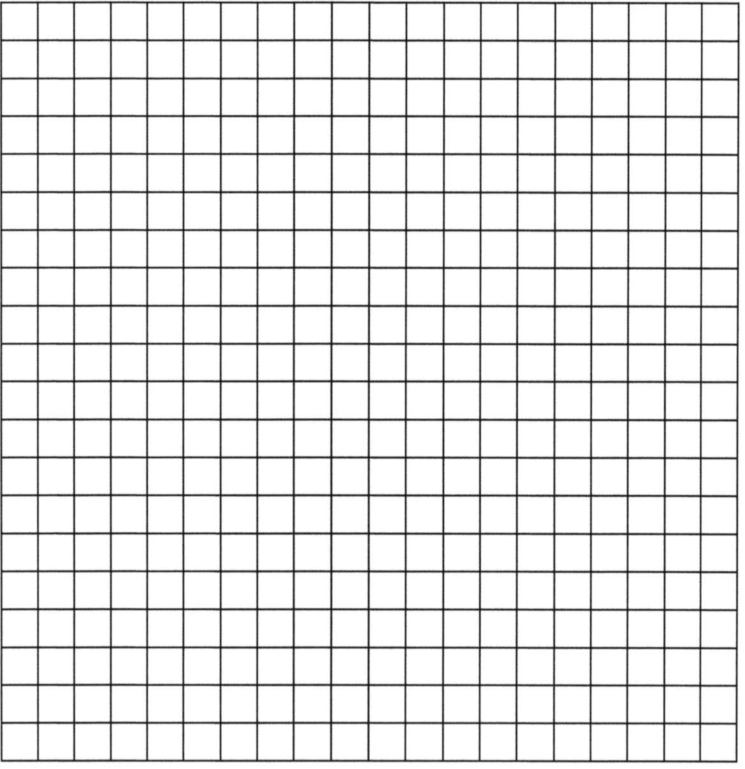

Aufgabe 69

Innerhalb der Christenheit auf Erden gibt es Kirchen, die verschiedenen Konfessionen (Bekenntnissen) angehören. Die größte Kirche bilden die katholischen Christen. Die Zahl der evangelischen Christen wird auf etwa 3 · 250.000.000 + 50.000.000 geschätzt.

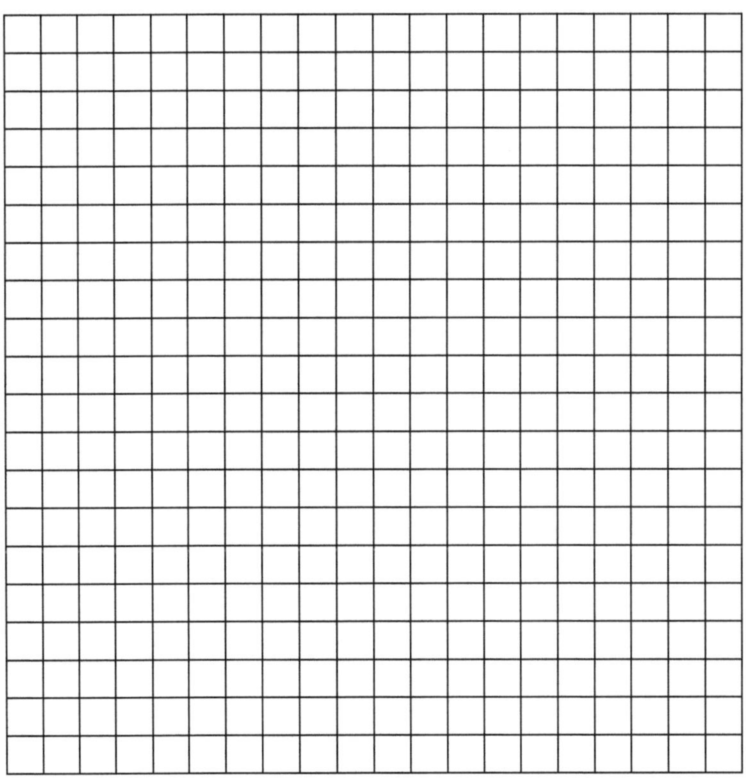

Aufgabe 70

Der Theologe Adolf Schlatter suchte die Reformation Martin Luthers in theologischer Hinsicht zu vollenden. Etwa 65 Jahre lang arbeitete er an einer *Theologie der Liebe*. Sein vielleicht wichtigstes Buch – *Kennen wir Jesus?* - schrieb er im Alter von 5·17 Jahren.

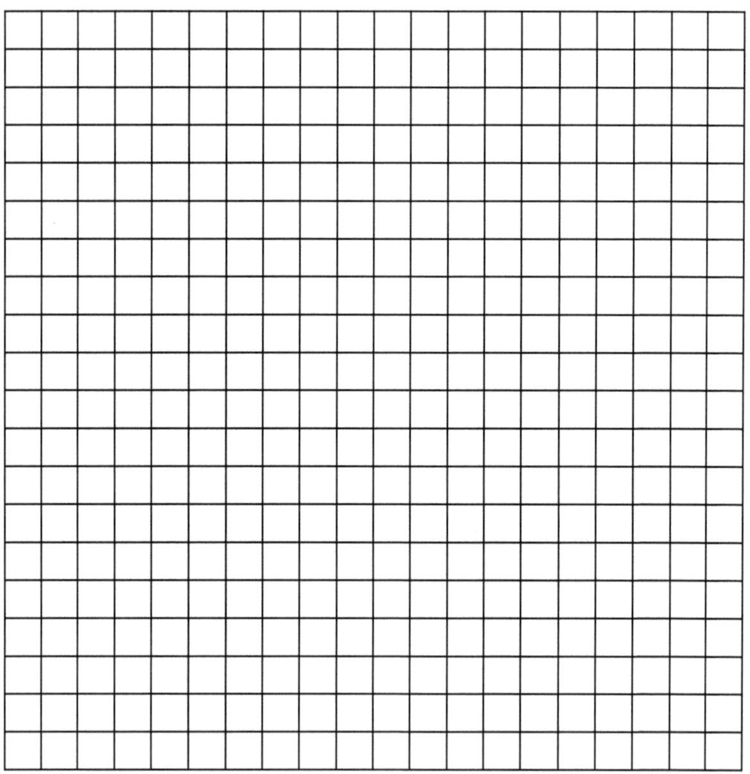

Zu Beginn seiner Wirksamkeit war Jesus mit seinen Jüngern zu einer Hochzeit geladen. Plötzlich gab es keinen Wein mehr. Jesus ließ 6 Steinkrüge mit Wasser füllen. Hernach aber war bester Wein darin. Jesus hatte $3 \cdot 80 + 3 \cdot 120$ Liter Wasser in Wein verwandelt.

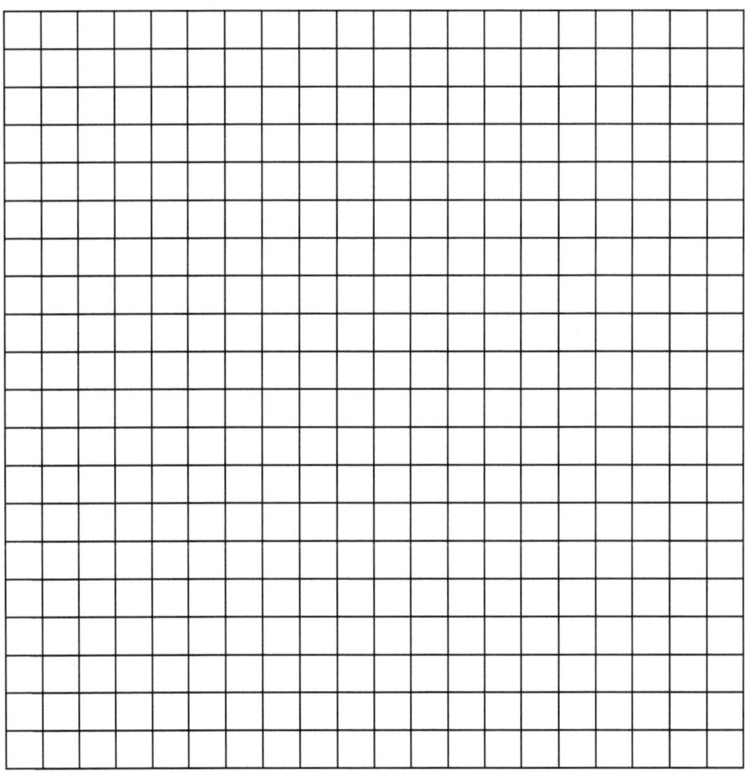

Aufgabe 72

In Psalm 72 betet Salomo, der Sohn Davids, für den König in Gottes Reich. Dieser schafft Frieden und Gerechtigkeit, er nimmt sich der Armen an. Die Zahl der extrem Armen auf Erden beträgt momentan etwa 10% der Weltbevölkerung (7,5 Milliarden Menschen).

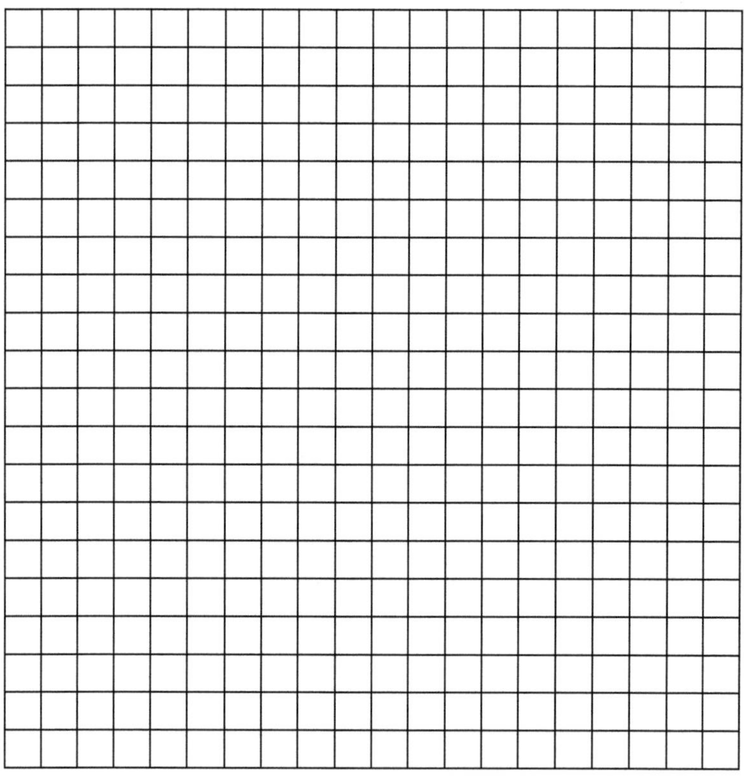

Aufgabe 73

Jesus kam mit seinen Jüngern nach Jerusalem und in den Tempel. Er trieb mit einer Peitsche die Händler und Verkäufer hinaus und stieß die Tische der Geldwechsler um. Er sagte zu den Juden: Reißt den Tempel ab und in $2 \cdot \sqrt{9} - 3$ Tagen baue ich ihn wieder auf.

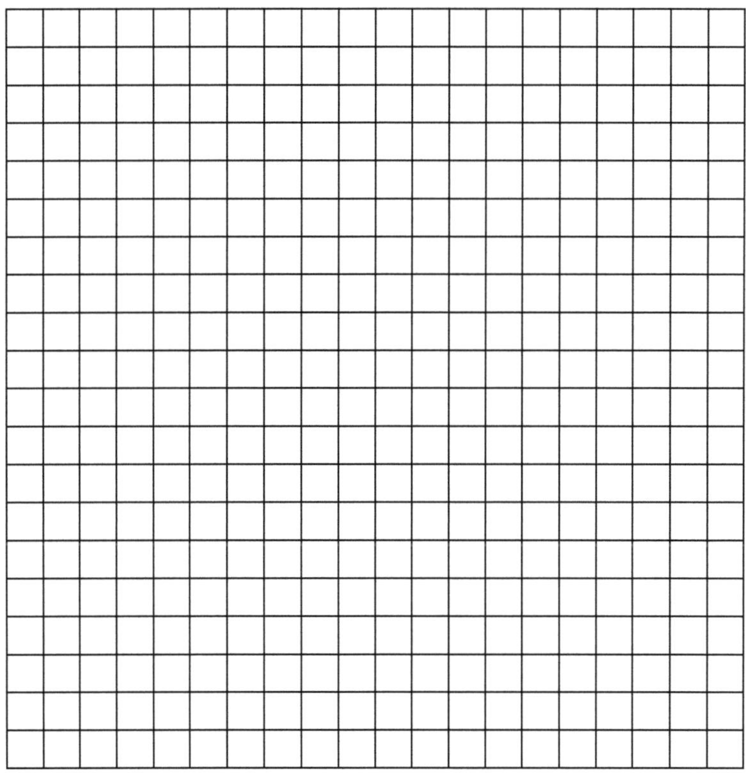

Aufgabe 74

Jesus aber sprach von seiner Kreuzigung und Auferstehung. Eines Nachts erklärte er dem Nikodemus, dieser müsse neu geboren werden, wolle er in das Reich Gottes eingehen. Johannes erzählt dieses Gespräch in seinem Evangelium, Kapitel 912 – 888 – 21.

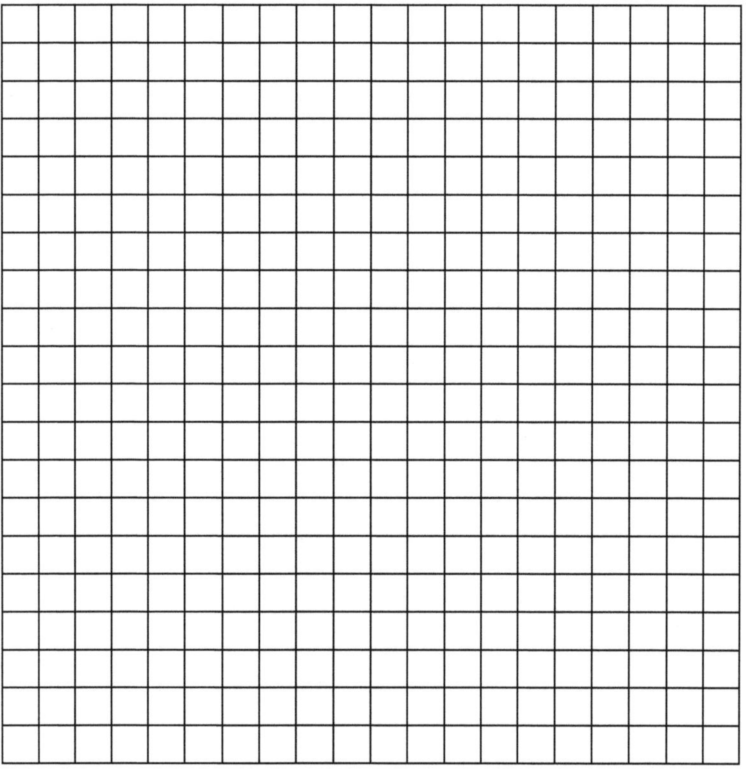

Aufgabe 75

Jesus kam in die Stadt Sychar. Dort am Brunnen Jakobs begegnete er einer Frau aus Samarien. Jesus erbat sich einen Schluck Wasser und bot ihr lebendiges Wasser an. Jesus wusste genau, wie oft diese Frau verheiratet gewesen war. Es waren $\sqrt[3]{125}$ Ehen.

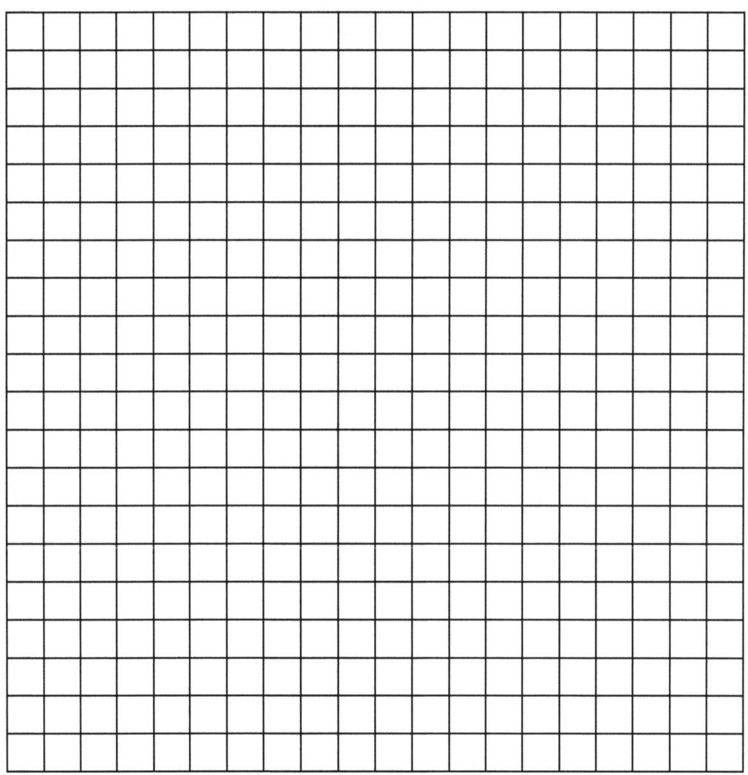

Jesus kam abermals nach Kana in Galiläa. Dort kam ein königlicher Beamter zu ihm und bat ihn, seinen Sohn zu heilen, der krank zu Bett lag in Kapernaum. Jesus heilte den Jungen aus der Ferne. Denn Kapernaum lag ungefähr 85 : 17·7 - 5 Kilometer von Kana entfernt.

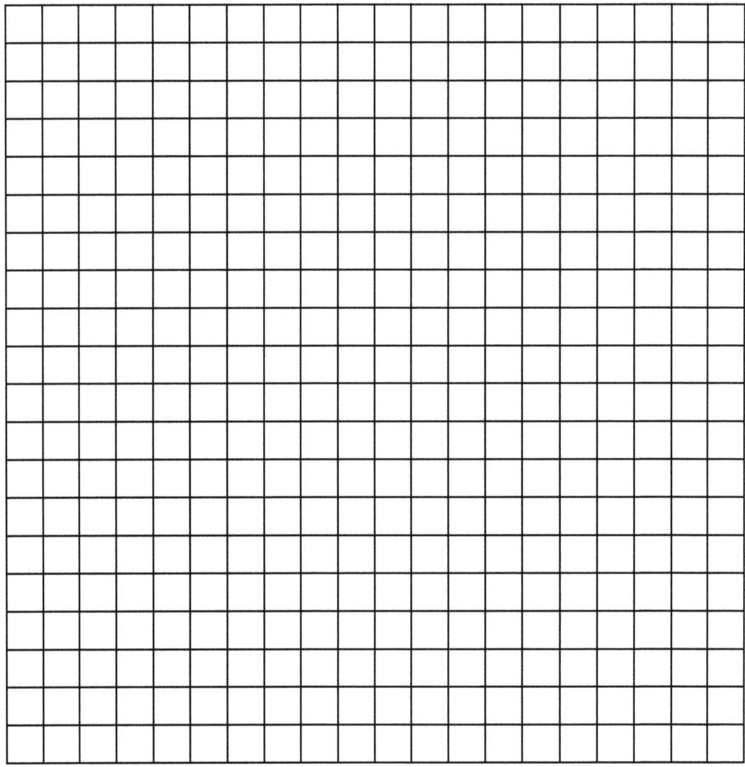

Der Sohn des königlichen Beamten wurde genau in jener Stunde des Tages gesund, als Jesus zu ihm sagte, sein Sohn lebe. Um wie viel Uhr wurde es besser mit dem Jungen? Es war etwa 42 + 182 − 211 Uhr, als das Fieber den Jungen verließ.

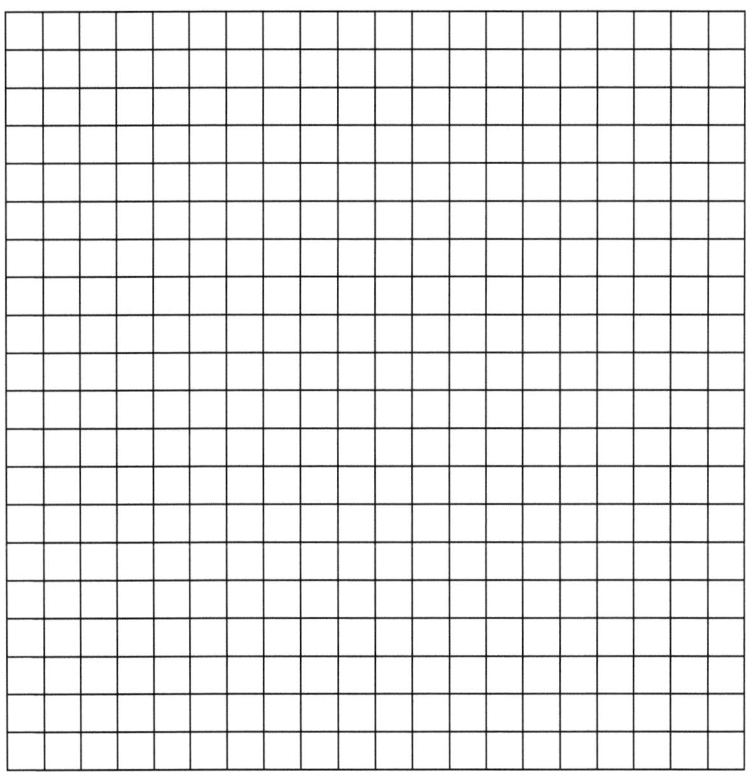

Aufgabe 78

Anlässlich eines Fests der Juden kam Jesus wieder nach Jerusalem hinauf. In den Hallen am Teich Betesda lagen Kranke, Blinde und Lahme. Wenn sich das Wasser des Teiches bewegte, suchten die Kranken hinein zu steigen. Es waren aber $12 \cdot 4 - 43$ Hallen dort.

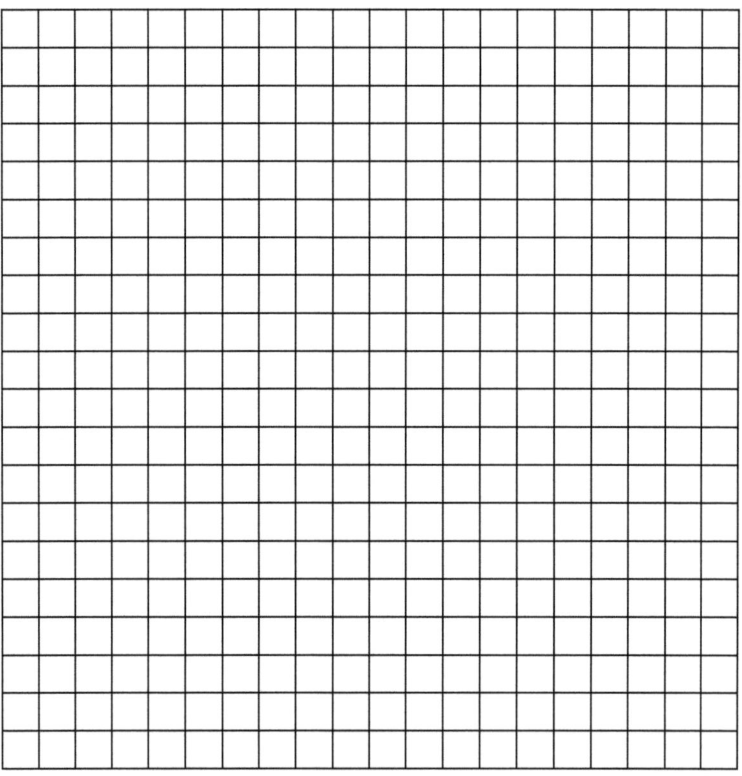

Aufgabe 79

Einer aber der Kranken lag schon seit 1710 : 45 Jahren darnieder. Er hatte keinen Menschen, der ihm half, rechtzeitig das Wasser zu erreichen. Jesus sprach zu ihm: Willst du gesund werden, so nimm dein Bett und geh hin. Der Mensch wollte es und tat es.

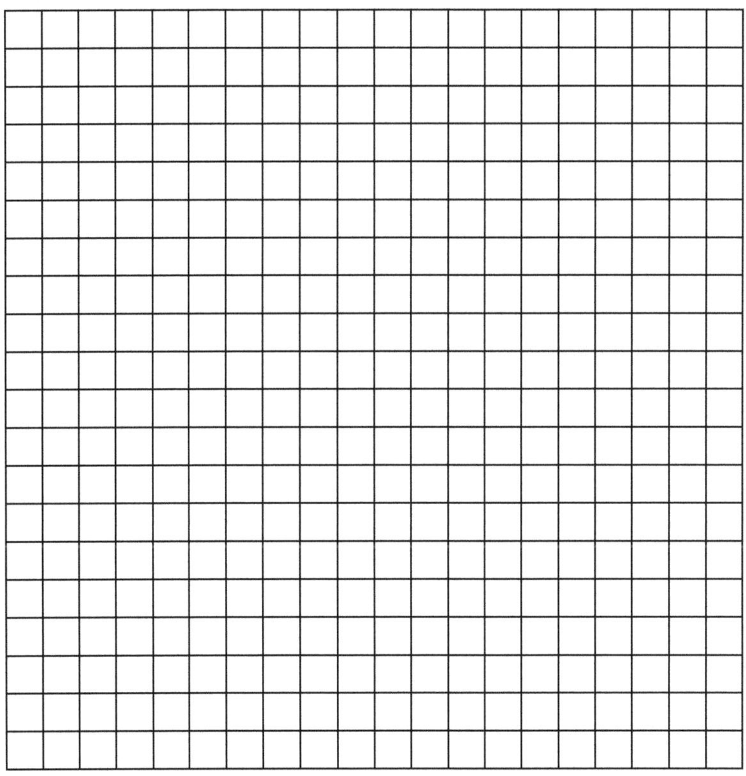

Aufgabe 80

Der kürzeste Psalm der Bibel ist der Psalm 117. Der Psalmist fordert die Völker und Nationen der Erde auf, den Gott Abrahams, Isaaks und Jakobs zu lobpreisen. Heute gibt es 193 Staaten, die die Vereinten Nationen (UNO) bilden. Untersuche, ob 193 eine Primzahl ist!

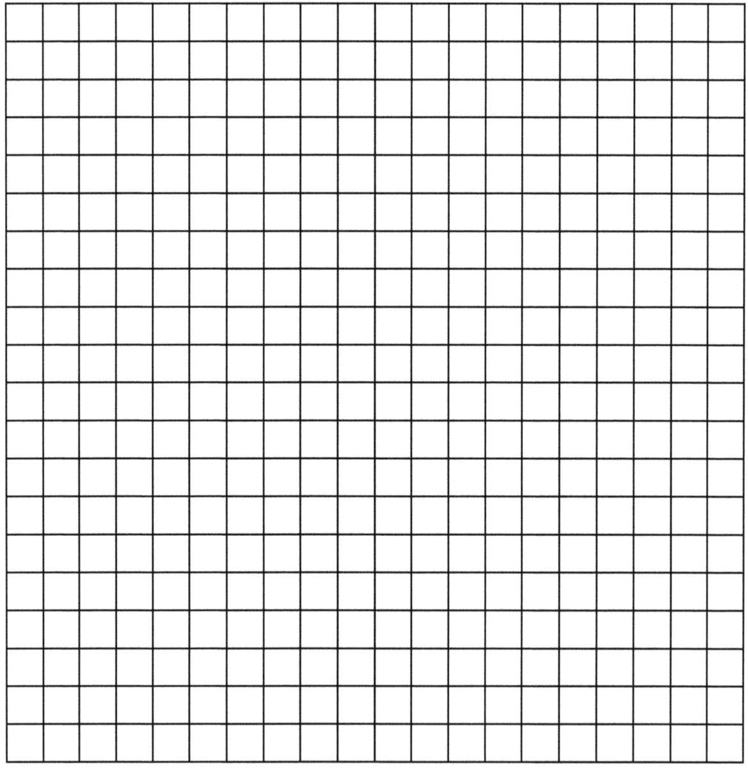

Jesus sagte, dass vor dem Ende allen Völkern auf Erden das Evangelium vom Reich Gottes gepredigt werden muss. Die Bibel wurde daher, vollständig oder teilweise, in sehr viele Sprachen übersetzt. Anfang 2017 waren es 8805 : 3 Sprachen.

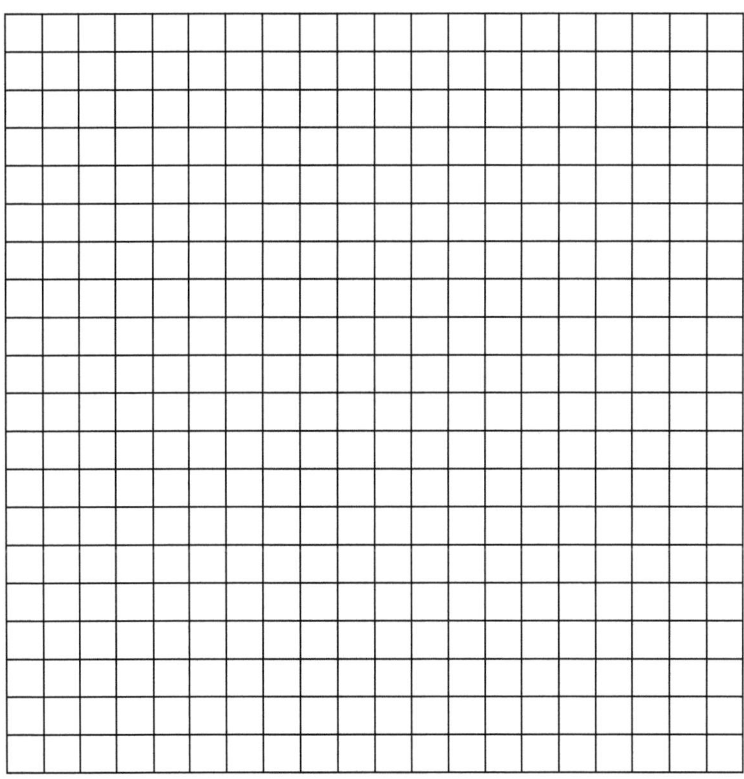

Aufgabe 82

Aus der jährlichen Statistik einer amerikanischen Fachzeitschrift geht hervor, dass weltweit täglich etwa 332000 : 4 Menschen getauft werden. Durch die Taufe werden Kinder und Erwachsene, die an Jesus glauben, in eine der Kirchen aufgenommen.

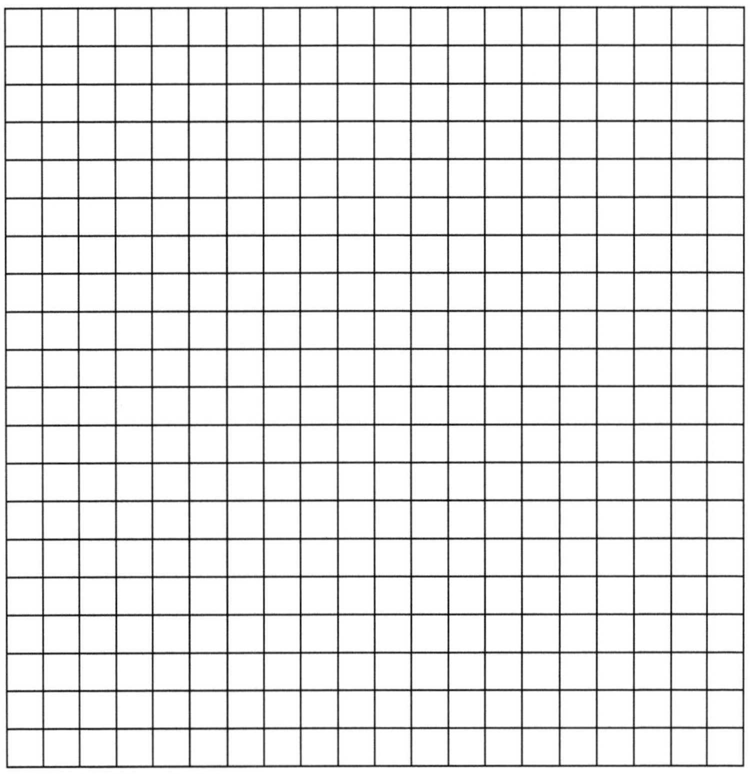

Die Nachkommen Noahs hatten einerlei Sprache. Dies änderte sich, als sie die Stadt Babel und einen großen Turm zu bauen begannen. Gott verwirrte ihre Sprache und zerstreute sie über die ganze Erde. Heute werden auf Erden rund 2437 + 4563 Sprachen gesprochen.

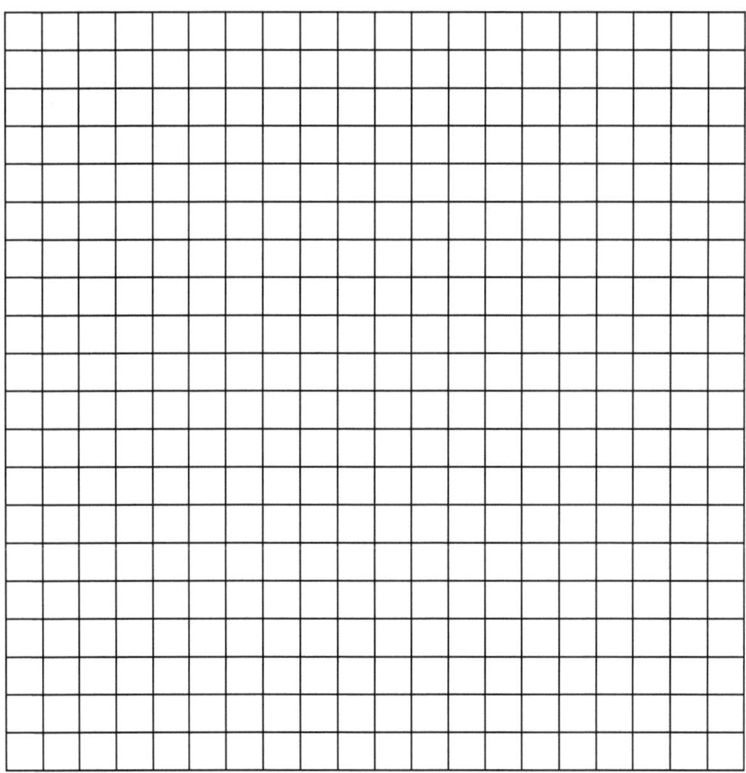

Aufgabe 84

Schon im 14. Jahrhundert wurden Reformen und die Erneuerung der mittelalterlichen Kirche gefordert. John Wyclif war ein englischer Gelehrter und Theologe. Er übersetzte die lateinische Bibel (Vulgata) im Jahr $346 \cdot 4$ in die Sprache seines Volkes.

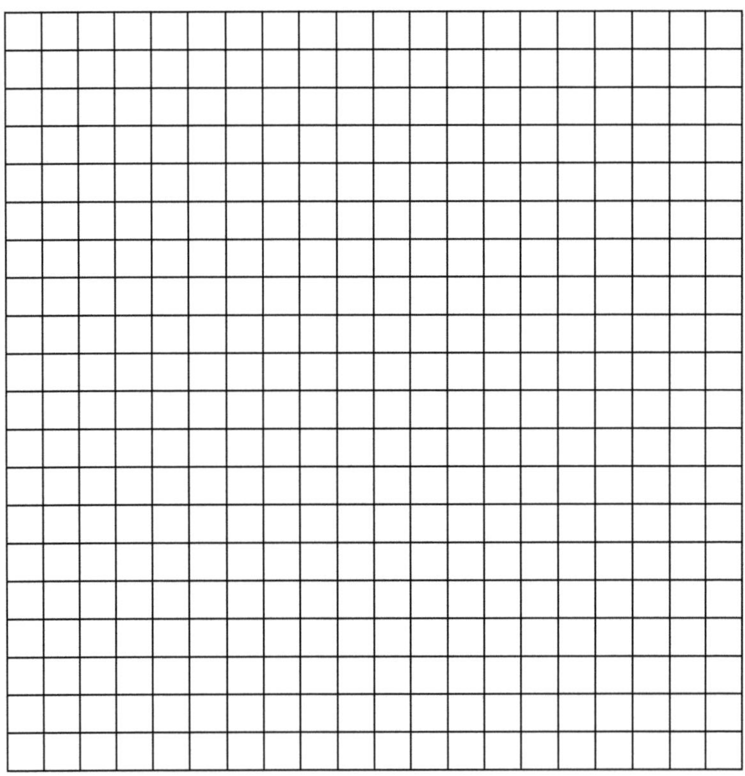

Aufgabe 85

Nach John Wyclif hat sich eine Organisation den Namen *Wyclif* gegeben. Die rund 8·625 *Wyclif – Mitarbeiter* haben es sich zur Aufgabe gemacht, die Bibel oder Teile der Bibel vielen Menschen in deren eigenen Sprachen zugänglich zu machen.

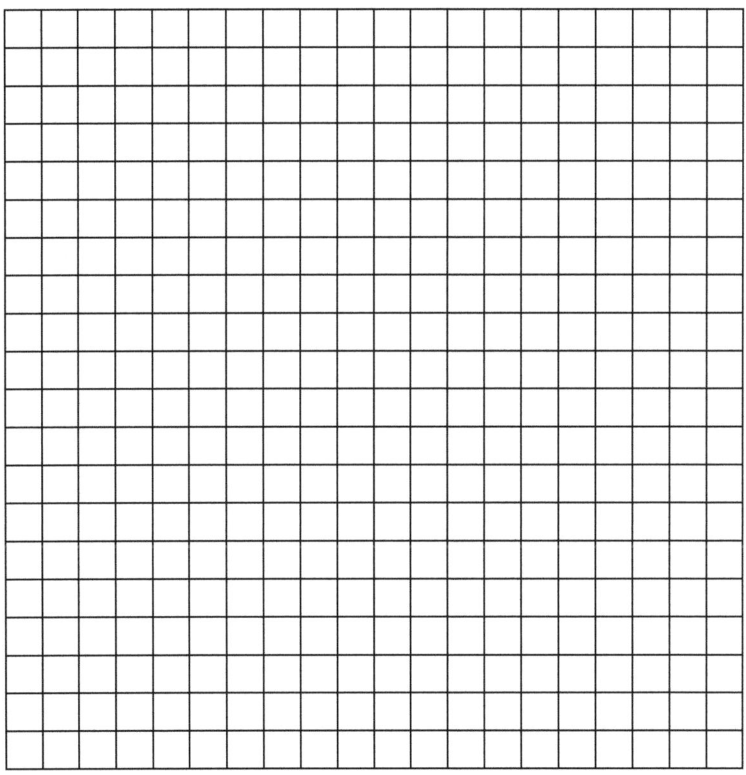

Aufgabe 86

Jan Hus, Theologe und Prediger, wirkte in Prag. Er betonte die Autorität der Bibel. Er kritisierte die mittelalterliche Kirche. Jesus sei der Herr der Kirche, nicht der Papst. Er wurde zum Tode auf dem Scheiterhaufen verurteilt. Das geschah im Jahr 1803 – 388.

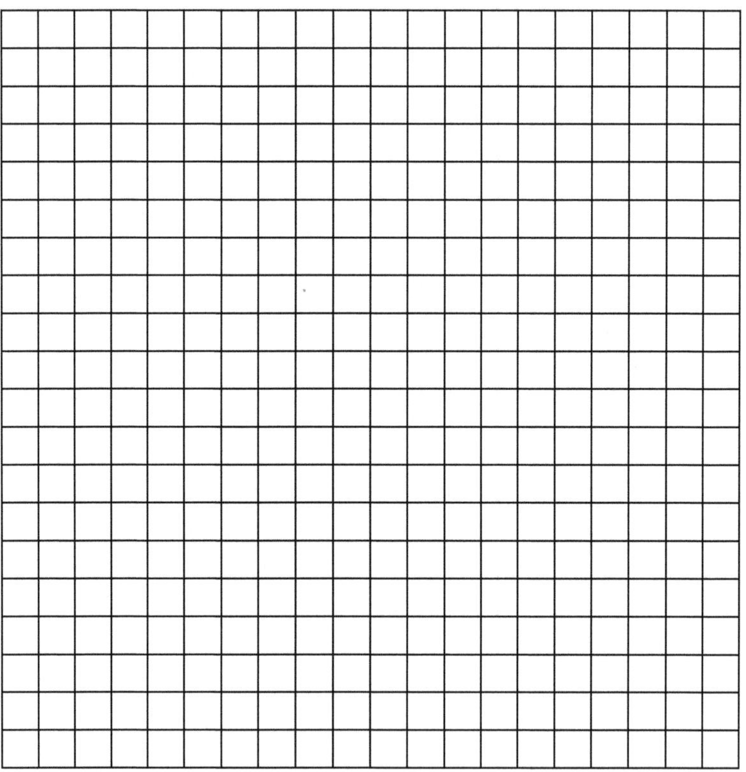

Aufgabe 87

David und Goliat. Jesus und das römische Kaiserreich. Luther und die Macht der mittelalterlichen Kirche. Einzelne Menschen haben durch ihren Mut und ihren Glauben große Dinge bewirkt. Der Hirtenjunge David trotzte dem Riesen. Der war über 1·2·3 Ellen groß.

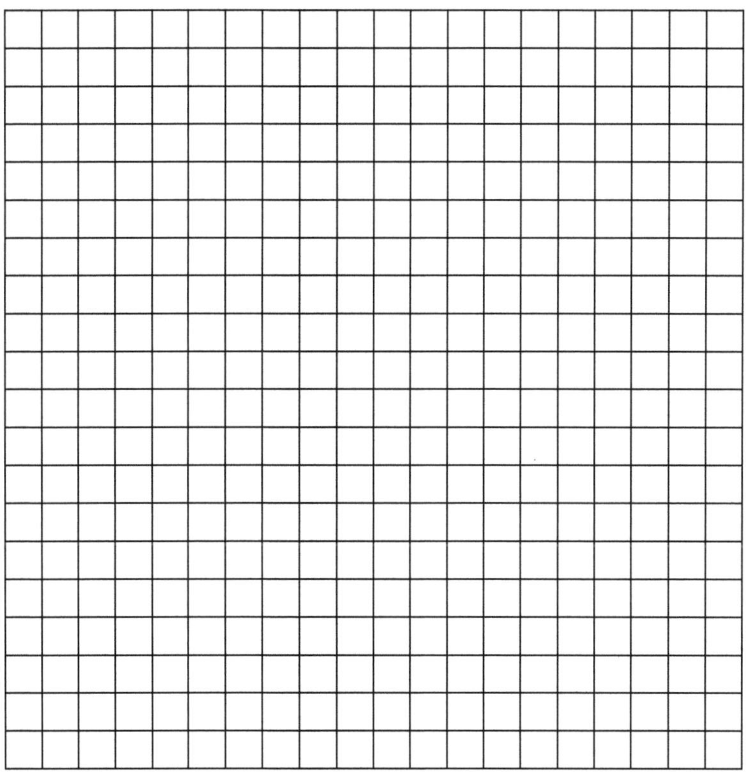

Wie viele Gebete muss ein Mensch verrichten, um sich sein Heil zu verdienen? $7 \cdot 6 \cdot 5 \cdot 4 \cdot 3 \cdot 2 \cdot 1 \cdot 0$ Gebete! Wie viel kann Gott bewirken auf Erden, wenn 2 Milliarden Christen 100 Jahre lang täglich jeweils ein Gebet sprechen? Dies sind $2.000.000.000 \cdot 100 \cdot 365$ Gebete!

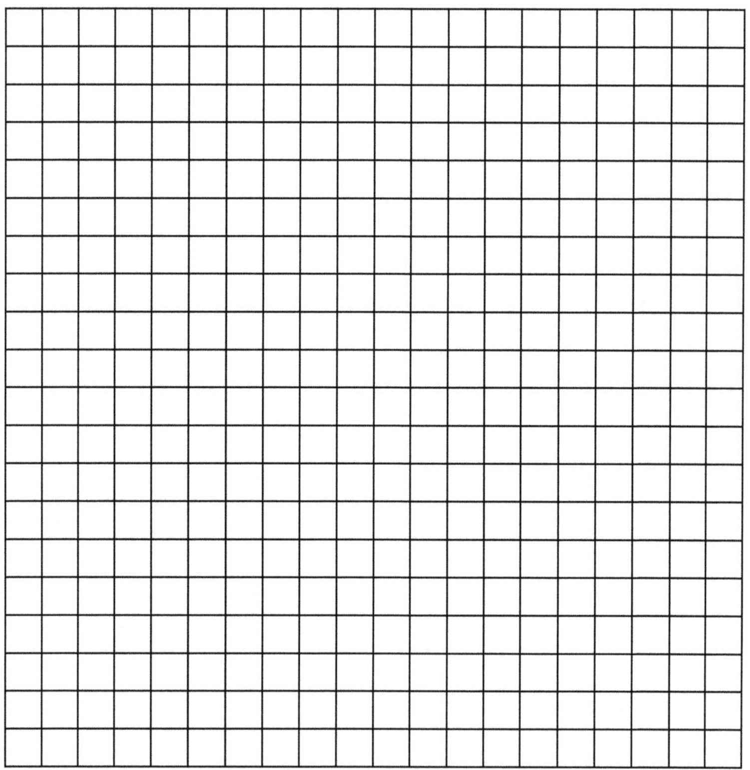

Als Luther und Zwingli in Marburg miteinander sprachen, bemerkten sie, dass sie nicht ganz einer Meinung waren. Beide aber lehrten, dass es in der Gemeinde Jesu lediglich (2017 − 1517) : 250 Sakramente geben solle. Die Taufe und das Abendmahl.

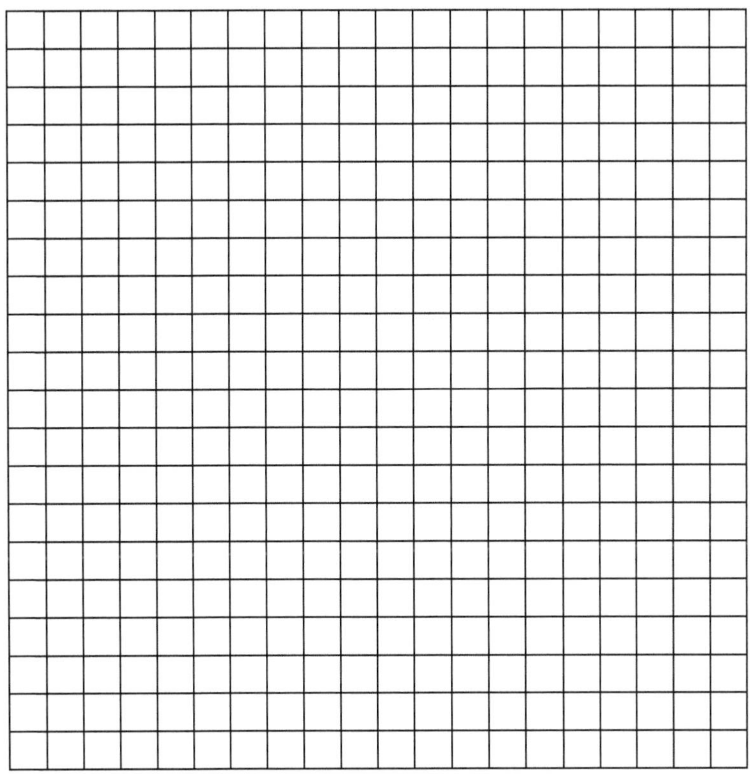

Aufgabe 90

Der Apostel Paulus bereiste die antike Welt und
brachte das Evangelium Jesu Christi nach Kleinasien,
Griechenland und Italien. Mit den Gemeinden blieb er
brieflich in Verbindung. Seinen ersten Brief sandte er
im Jahr $7^2 + 1$ an die Gemeinde in Thessaloniki.

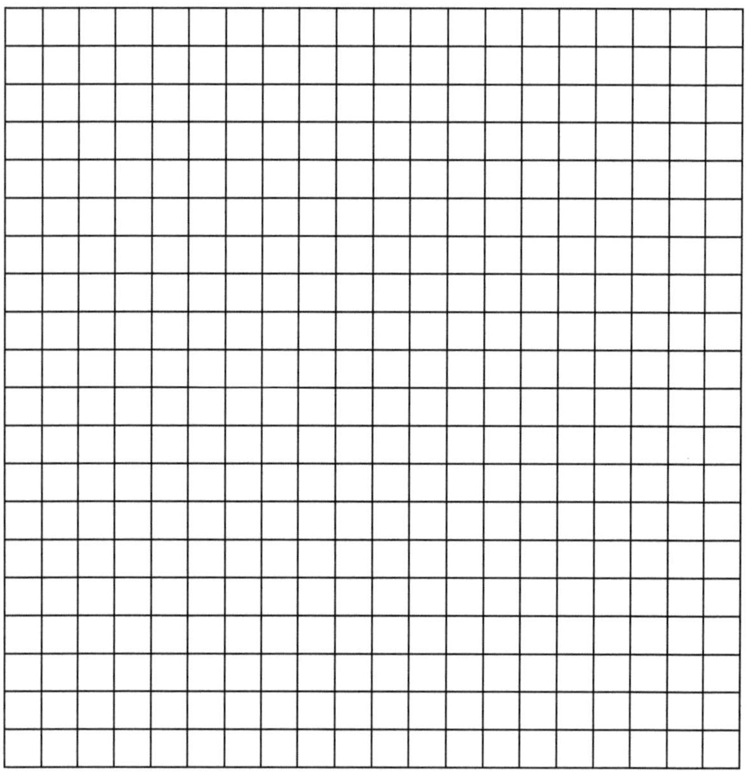

Aufgabe 91

Paulus musste seines Glaubens und Dienstes wegen viel erleiden. Der Gemeinde in Korinth konnte er von etlichen Gefangenschaften und 5 · (40 – 1) Geißelhieben berichten. 4721 – 4718 mal wurde er mit Stöcken geschlagen, 1001 – 998 mal hat er Schiffbruch erlitten.

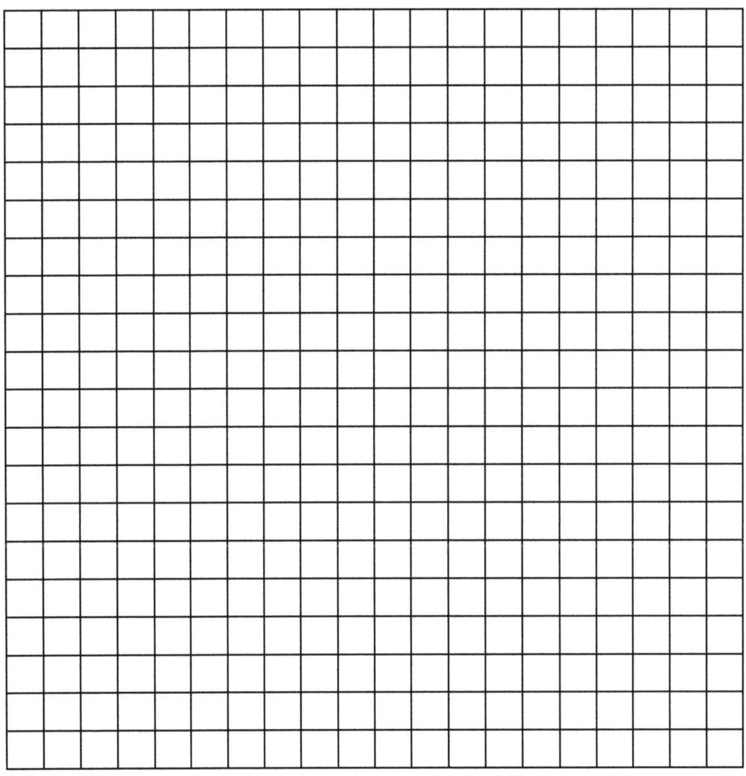

Aufgabe 92

Schon die ersten Gemeinden Jesu Christi wurden verfolgt und bedrängt. Auch in heutiger Zeit noch werden Christen ihres Glaubens wegen verfolgt. Das christliche Hilfswerk *Open Doors* spricht von etwa $8 \cdot 25$ Millionen Christen in etwa $4 \cdot 15$ Ländern.

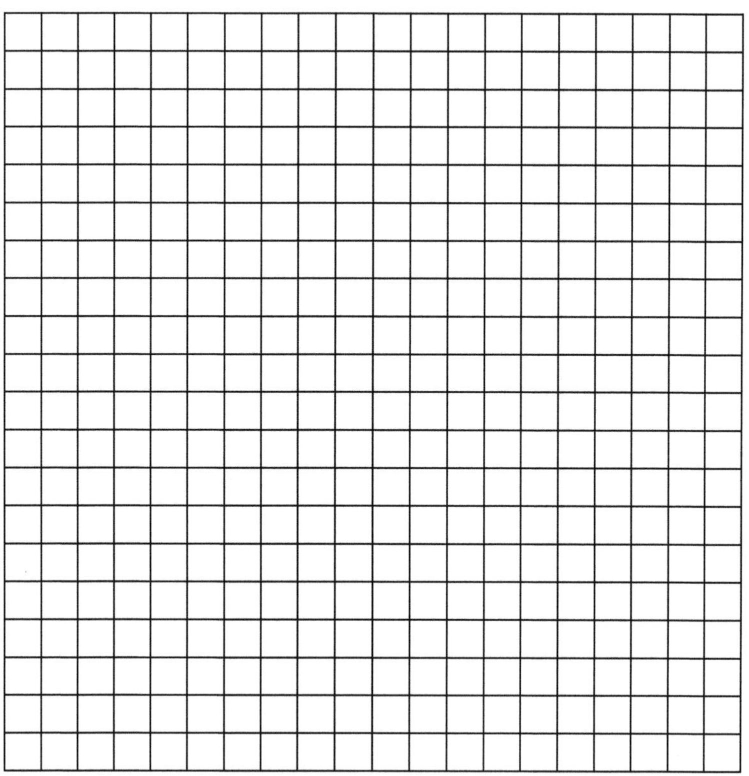

Aufgabe 93

Im Evangelium nach Matthäus, Kapitel 224 : 8, bezeugt
der auferstandene Gottessohn, dass ihm alle Macht im
Himmel und auf Erden gegeben worden ist. In dieser
Zuversicht erwarten alle Christen auf Erden die
Wiederkunft Jesu, die er verheißen hat.

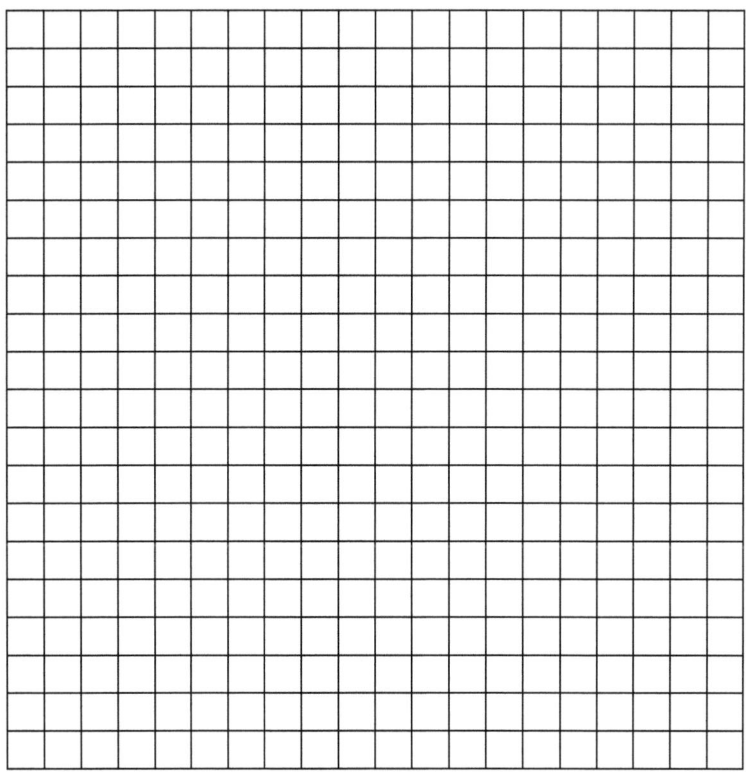

Aufgabe 94

Der Apostel Johannes erhielt von dem auferstandenen und zum himmlischen Vater heimgekehrten Herrn eine Offenbarung, die er in einem Buch niedergeschrieben hat. In Kapitel $2 \cdot \sqrt{121}$ seines Buches bezeugt Jesus das tröstende Wort: Ja, ich komme bald!

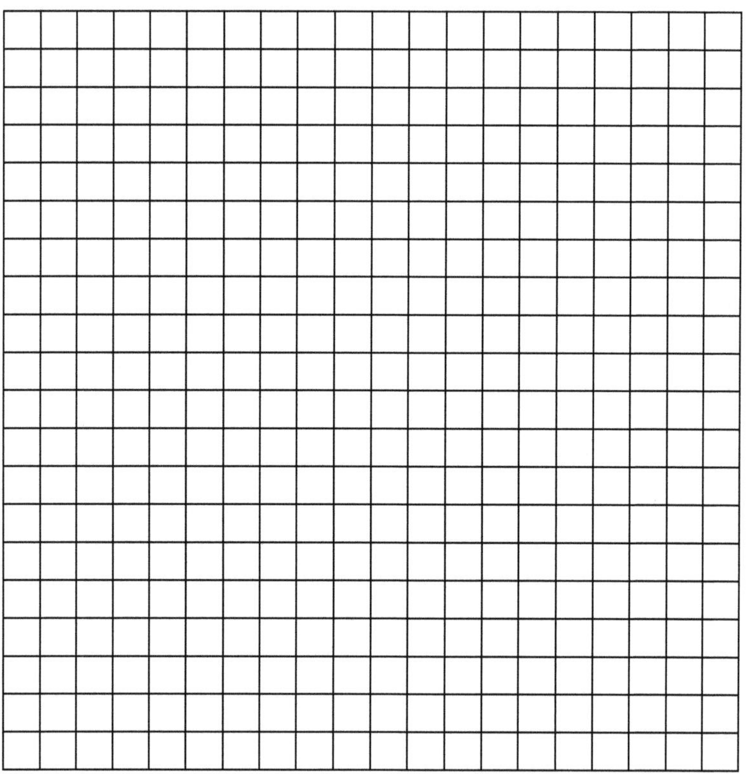

Aufgabe 95

Johannes schreibt in seinem Buch von einem neuen Himmel und einer neuen Erde. Er sah die Stadt Gottes, die Braut Jesu, das neue Jerusalem, vom Himmel herabkommen. Sie hat 4·3 Tore. Auf ihnen sind Namen geschrieben. Die Namen der 12 Stämme Israels.

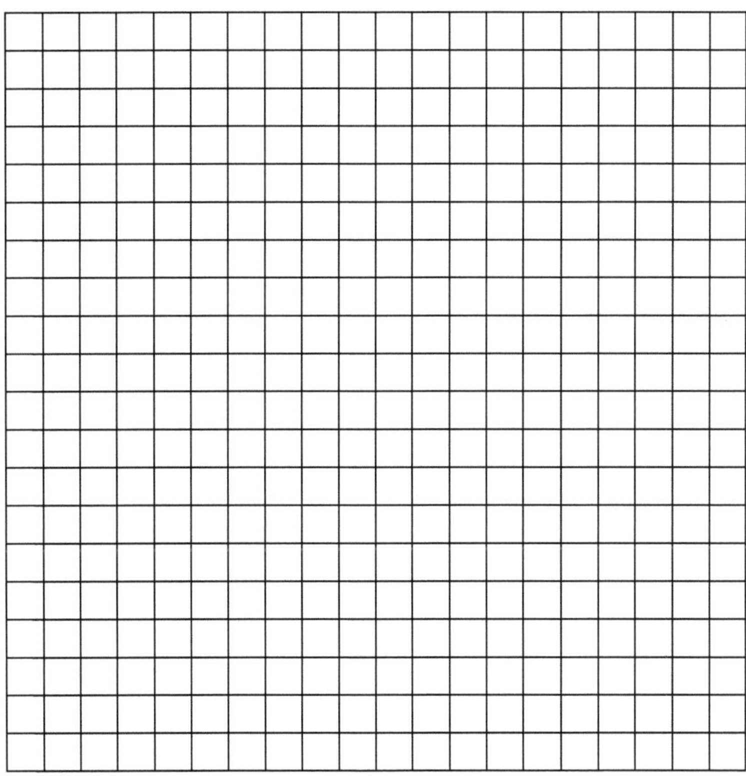

Ergebnisse der Aufgaben 01 - 19

Aufgabe	Ergebnis
01	62 Jahre
02	24480 Menschen
03	37 · 41 = 1517 (keine Primzahl)
04	Jahr 1996
05	27 Bücher
06	39 Bücher
07	12 Schafe
08	28 Artikel
09	150 Psalmen
10	176 Verse
11	300 Brocken
12	580000 Krieger
13	38 Tage
14	140000 Steinblöcke
15	14 Ablassbriefe
16	11 · 139 = 1529 (keine Primzahl)
17	8030 Schätze
18	490 mal vergeben
19	1189 Kapitel

Ergebnisse der Aufgaben 20 – 38

Aufgabe	Ergebnis
20	26 Verse pro Kapitel
21	1057 Seiten
22	613 Gebote
23	430 Jahre
24	40 Jahre
25	2.000.000 Menschen
26	1 Trillion Tiere
27	1071 Verse
28	58 Schriftstellen
29	3000 Sprüche und Regeln
30	Kapitel 6
31	7 Ich-bin-Worte Jesu
32	Kapitel 7, Vers 13
33	4.500.000.000 Jahre
34	600 Jahre vor Christus
35	66 Kapitel
36	12636 Kilometer
37	40035 Kilometer
38	72 Übersetzer, 72 Tage

Ergebnisse der Aufgaben 39 – 57

Aufgabe	Ergebnis
39	Kapitel 53
40	725255 Tage
41	100000 Lichtjahre
42	6 Tage
43	9.460.800.000.000 Kilometer
44	300.000.000.000 Sterne
45	12,5 Milliarden Jahre
46	800 Apfelbäumchen
47	300 Ellen
48	40 Tage
49	100 Jahre
50	6000 Gebete und Lieder
51	40000 Predigten
52	20 Jahre
53	3 Tage
54	120000 Menschen
55	100 Jahre
56	268 Tage
57	1 Milliarde Nervenzellen

Ergebnisse der Aufgaben 58 – 76

Aufgabe	Ergebnis
58	102102 Herzschläge pro Tag
59	80 Jahre
60	969 Jahre
61	150 Kilometer
62	1000 Meter Höhenunterschied
63	12 Jahre
64	30 Jahre
65	40 Tage
66	320000 Kilometer
67	500 Brüder
68	2,25 Milliarden Menschen
69	800 Millionen evangelische Christen
70	85 Jahre
71	600 Liter
72	750 Millionen Menschen
73	3 Tage
74	Kapitel 3
75	5 Ehen
76	30 Kilometer

Ergebnisse der Aufgaben 77 – 95

Aufgabe	Ergebnis
77	13 Uhr
78	5 Hallen
79	38 Jahre
80	193 ist eine Primzahl
81	2935 Sprachen
82	83000 Menschen
83	7000 Sprachen
84	Jahr 1384
85	5000 Mitarbeiter
86	Jahr 1415
87	6 Ellen
88	0 Gebete, 73 Billionen Gebete
89	2 Sakramente
90	Jahr 50
91	195 Geißelhiebe, 3 mal mit Stöcken geschlagen, 3 mal Schiffbruch erlitten
92	200 Millionen Christen, 60 Länder
93	Kapitel 28
94	Kapitel 22
95	12 Tore